特大城市基层综合治理模式的探索与创新

——以上海市为例

董幼鸿◎著

安徽师范大学出版社
·芜湖·

图书在版编目(CIP)数据

特大城市基层综合治理模式的探索与创新:以上海市为例 / 董幼鸿著 .— 芜湖: 安徽师范大学出版社,2019.11

ISBN 978-7-5676-4127-3

Ⅰ.①特… Ⅱ.①董… Ⅲ.①城市管理-研究-上海 Ⅳ.①F299.275.1

中国版本图书馆CIP数据核字(2019)第110482号

特大城市基层综合治理模式的探索与创新——以上海市为例　　董幼鸿◎著

责任编辑:郭行洲　　责任校对:祝凤霞

装帧设计:张　玲　　责任印制:桑国磊

出版发行:安徽师范大学出版社

芜湖市九华南路189号安徽师范大学花津校区

网　　址:http://www.ahnupress.com/

发 行 部:0553-3883578　5910327　5910310(传真)

印　　刷:江苏凤凰数码印务有限公司

版　　次:2019年11月第1版

印　　次:2019年11月第1次印刷

规　　格:700 mm×1000 mm　1/16

印　　张:14

字　　数:194千字

书　　号:ISBN 978-7-5676-4127-3

定　　价:48.00元

目　录

引 言

一、问题提出

近年来，随着经济社会的快速发展，大量人口涌入城市，城市规模不断扩大，人流、物流、信息流高度聚集，城市逐步演变成一个超大的集合体。随之，各种矛盾和冲突不断出现，新问题和老问题交织在一起，冲击了市民正常的社会生活秩序，不满意的声音和情绪也相应出现，这对城市管理者提出了更高的要求。面对日益复杂的主客观环境，城市管理者遇到了前所未有的挑战和困难，全国各大城市政府都在此过程中不断探索城市管理的新模式，力争创新管理理念、建构新的管理模式、探索新技术的运用，期望提高城市管理的综合能力以满足市民日益增长的公共服务新产品需求。自2005年以来，上海市也根据自身特大城市发展的规律和特点，不断探索城市管理的新模式——“城市网格化管理”，经过单一的“网格化管理”模式、“城市综合大联动大联勤”模式再到“大联动+”城市大脑模式，这些模式的探索确实给上海城市管理带来巨大变化，取得前所未有的成效，社会秩序井然，从而赢得市民的肯定和认可。

从上海市和国内其他城市这些年的实践经验来看，网格化管理、大联动大联勤等基层综合管理的模式运行中也出现过诸多新问题。从本质上看，这些问题的产生是信息技术在城市基层管理领域应用后所带来的一场城市管理体制与机制的深刻变革，对管理者和公众的思维方式和行为模式带来挑战。这就需要从现有的面向职能部门的静态管理体制转变为基于流程的动态管理体制，建立以问题为导向、以流程为基础，通过条块动态协同工作和各种主体积极参与来快速处理各类问题的新型体制与机制。当然，这种基层综合治理模式的变革也会遇到一些挑战和现实困难，今后如何更好地发挥城市管理新模式的功能，既能满足公众的需求，又能实现政府公共服务质量提升的需要，确实成为城市管理者必须面对的课题。

二、研究意义

以特大城市上海市研究为例，通过梳理基层综合治理模式发展的历程，分析从城市网格化管理、大联动大联勤到“大联动+”的模式发展轨迹的背后逻辑，探讨基层综合治理模式的属性及其功能；从基层综合管理模式创新的实践模式变革，讨论该模式发展中遇到的理论困境和现实障碍，并就困境和障碍提出一些建设性的对策建议。希望本书能够推进和优化基层综合治理模式，为基层城市管理提供重要的参考和借鉴。

理论意义主要体现在将整体性治理理论与基层综合治理模式实践探索有机地结合，期望通过理论运用和分析，给基层综合管理模式创新提供理论指导和依据，为基层综合管理模式运行提供合理性论证。

实践意义主要在于比较上海各个区县运行的综合治理模式特点，梳理共性的问题和困境，有针对性地提出解决问题的对策和思路，从而有利于推进城市基层综合管理现代化和精细化，提高城市管理水平和能力，为民众提供更多优质的公共服务产品。

三、研究综述

（一）城市网格化管理理论产生背景及其内涵的研究

近年来，关于城市网格化管理的研究成果很多。从技术方面研究，主要有以下观点：城市网格化管理是以街道、社区的万米单元网格分布式系统为基础，建立网格化信息平台，借助共享、虚拟、反馈、协同等机制和手段对城市部件、事件实施管理，实现市、区、专业处置部门和网格监督员四级联动的管理模式和信息资源共享系统（祝晓宁、袁何俊，《基于网格化管理的突发公共事件预警机制探析》，2006）；是一体化资源管理服务系统（宛天巍等，《网格化管理原则及网格结构模型研究》，2007）；具有用户服务透明化、网格资源数字化、信息处理网络化、协议规则明确化、组织功能模块化等特点（池忠仁等，《上海城市网格化管理模式探讨》，2007）；是建立在数字技术之上，以单元网格管理为特征的一整套城市管理思路、手段、组织、流程的总称（韩江，《街道、社区网格化综合治理模式的实践》，2001）；是网格化管理运用现代信息技术支撑，借助跨部门的管理规则和业务流程，构筑资源共享与工作协同的运作模式，以信息流调控人流和物流，使系统的内生评价及精确、敏捷的管理方式得以实现（向春玲，《加强和创新社会管理学习读本》，2011）；是我国城市体制改革过程中的一种技术治理（何海兵，《城市社区体制改革的历程与困境分析：以上海为例》，2012），具有社会控制、信息传递、社区服务等功能，核心并非仅仅是增加一级更小的基层管理单元，而是改写了基层社会管理的体制构造，将城市管理和城市监督分开，形成新的高效率的管理体制（田毅鹏，《城市社会管理网格化模式的定位及其未来》，2012）。

综上所述，可以看出信息技术是网格化管理的技术支持，“网格划分”是其外在表现形式，行政权力下放、整合资源、提高管理效率是网格化管理的内在要求。

（二）网格化管理中政府职能定位的研究

关于网格化管理中政府职能定位的观点主要有：在万米单元网格管理中，从城管监督员的网格化巡查，到政府部门的网格化管理、企业的网格化服务与经营、公众的网格化互动，是不断深化的发展过程（齐国生，《城市管理的“网格化”——从政务网格到行业网格再到公务网格》，2008）；网格化在衔接单位制与社区制、推动基层政府由管制型向服务型转变以及搭建政府与社会组织协同共治平台方面起到了积极作用；有利于基层组织的重构和基层社会协同服务机制的建立（卢福营，《论农村基层社会管理地方创新的动因》，2012）；网格化管理是对公共服务的流程再造，提供了一种以公众需求为导向的精细化、个性化和全方位覆盖的公共服务，实现了对无缝隙政府的突破与超越（竺乾威，《公共服务的流程再造从“无缝隙政府”到“网格化管理》，2012）；政府职能应该包括整合社区内各种资源，建立网格化管理的信息共享网络（赵语慧，《协同理论视角下的中国社会管理创新主体系统研究》，2013）；在信息技术的支撑下从政府管理结构、功能、运行机制等方面重新设计社区管理，形成业务导向驱动的条块整合模式（陈兆文，《城市社区网格化管理经验及提升路径研究》，2013）。从以上观点可以看出网格化管理在基层运行中发挥着重要作用，为政府职能的有效实现提供了平台和载体。

（三）网格化管理中组织结构研究

网格化管理可以通过系统整合、信息集成、流程再造、绩效评价、合作治理和诚信管理等手段构建一种新型的、无缝隙的社会管理系统（杨洪山、皮定均，《构建无缝隙社会管理系统——基于北京市朝阳区的实证研究》，2011）；无缝隙组织结构的立体式和全方位的服务方式，打破了组织部门之间的壁垒，实现统一管理、信息共享、监管分离和协调办公（魏涛，《城市社区网格化管理模式研究》，2011）；网格的“纵向到底”解决了基层管理与服务中的“主体缺位”和“管理真空”的问题（竺乾威，《公共服务的流程再造从“无缝隙政府”到“网格化管理》，2012）；网格的“横向到边”有效整合了职能部门间的功能与关系，实现政府管理服务由以往的条条、单向朝块块、点面结合转变（杨海涛，《城市社区网格化管理研究与展望》，2011）。组织机构实现从上级到基层的有机衔接，实现社区管理从多头到统一、从被动到主动、从单兵出击到协同作战的转变；网格化管理从组织结构上对政府组织形式进行了优化，解决了传统政府组织中的弊病，提高了政府运作的效率和效益，更有利于满足公众和城市管理的需要。

1. 网格化管理中多元行动主体的研究

网格化管理使公民参与渠道便捷通畅，虽频度下降，但参与活动更加有序，趋于理性，效果明显，主体意识和主动性增强（何军，《网格化管理中的公众参与——基于北京市东城区的分析》，2009）。网格空间中存在着不同性质的“多元行动主体”，主要包括以街区公务员为主体的“政府行政力量”、以社区工作者为主体的社区自治力量、以及社区党员和一般志愿者，多元主体间交互作用推动社区建设和发展，网格组织为政府和社区自治组织提供了“官民共治”的联接平台（田毅鹏，《城市社会管理网格化模式的定位及其未来》，2012）。政府、社会、公民等多方力量参与、多方协作为网格化管理、社区治理的长效发展注入新的活力（康静宁，《国内社区网格化管理研究综述》，2013），其中关键是要以社会前端管理为重点，整合现有的各类管理资源和管理力量，实现从单一被动向多元联动的转变（文军，《从单一被动到多元联动——中国城市网格化社会管理模式的构建与完善》，2012）；注意分析观察网格中不同性质的行动力量的交互作用及其影响，是我们评价网格化模式的重要依据（田毅鹏，《城市社会管理网格化模式的定位及其未来》，2012）。从上观点可以看出城市网格管理为多元主体参与提供了有效的参与平台。

2. 网格化管理与社区自治关系的研究

提升网格化管理水平，关键在于淡化网格化管理模式的行政色彩，增强网格化的“自治力”，使之与行政力相互融通匹配，找到来自政府行政力量“自上而下”的管理诉求与社区居民“自下而上”的权益诉求在社区服务上的“联结点”，使网格化管理模式与社区自治能够相互协动，并获得良性持久的发展。

（四）精细化治理理论的研究

1. 精细化管理理论的起源

20世纪50年代“精细化”管理理念从日本起源，这一理念在企业管理中表现为精益求精的工作态度、创新务实的工作精神和科学高效的管理思想。“精细化”管理理念经历了泰勒科学管理、戴明为质量而管理和丰田精细生产方式三个发展阶段，科学与效率是它们共同的灵魂。世界上首部精细化管理著作是“科学管理之父”泰勒的《科学管理原理》，他重点关注工人的操作实践，管理大师戴明则将管理扩大到关注质量的每一个部位，丰田生产方式将管理全面地延伸到了企业的生产经营系统。经过不断地发展和演变，精细化理念得以形成，并因其在企业管理中取得了很好的成效而迅速推广到其他国家和领域。

2. 精细化管理的内涵

精细化管理注重规则的系统化和具体化，依托现代信息技术，使用程序化、标准化和数据化的手段，是使组织管理各单元精确、高效、协作和持续运行的管理方式，最终目的是用最少的管理资源和成本实现最大的管理效益。随着社会分工和服务质量向精细化发展，现代管理必然要向精细化管理转变。精细化管理从常规管理中衍生而来，并使常规管理向纵深发展。

随着企业管理过程中出现低成本、高效率的现象，精细化理念逐渐被引入到社会治理范畴中。企业管理中的精细化理念主要关注技术层面的精和细，以期实现企业利益最大化，从而忽略了人的全面发展的需求。而引入社会治理中的精细化理念，一方面继承了追求过程细节化、手段专业化、效果精益化、成本精算化等技术层面的精细化思想，另一方面又对其进行发展和完善，树立了人本主义理念，更加注重人本身，重视发挥人的主观能动性。社会治理的本质是人文关怀，通过有针对性地提供公共服务来满足人民群众对多元化利益的不同层次的、个性化的需求，这也正是坚持人民的主体性地位的真实反映。

3.社会治理精细化理论的研究

目前，学术界关于社会治理精细化的研究文献较少，对社会治理精细化的内涵界定还没有统一的认识。其中比较有代表性的观点有：陆志孟、于立平认为在社会治理活动中引入精细化理念与原则，利用较少的资源、专业化的治理手段，实现更优质、更关注细节和更加人性化的治理效果，实现社会治理理念、制度、手段和技术的精细化，实现社会治理活动的全方位覆盖、全过程监管、高效能运作。①蒋源指出社会精细化治理是社会管理和服务方式“微创新”的过程。②高玉贵认为，社会治理精细化是指在经济新常态下将精细化的理念和机制引入推进社会治理现代化实践中，坚持以人为本、合作治理、动态创新和公开透明原则，对社会治理理念与制度、结构与流程、方法与方式、技术与工具的精细化设计和持续创新，以期实现社会治理的科学化、现代化和精细化。

综上所述，学界以公共行政与公共管理的视角，基于“无缝隙政府”理念对网格化管理的要素、特征、运行机制以及我国公共服务与社

---

① 陆志孟、于立平：《提升社会治理精细化水平的目标向导与路径分析》，《领导科学》2014年第13期。

② 蒋源：《社会治理精细化治理新路径探索》，《人民论坛》2015第1期。

会治理体系价值的完善进行了理论探讨，这一研究视角对优化城市基层治理具有积极意义，但这一研究视角往往是通过与特定模式相比照，发现网格化管理中存在的问题，而不是在深入描述其运作的基础上，说明网格化管理的内涵特征以及实施后果等。当前虽然对网格化管理的内容研究成果较多，而对其在城市管理中发展起来的大联动机制、城市“大脑”等创新的模式研究不多，尤其是大联动大联勤机制运行中存在的问题涉猎较少，所以为本书在此领域进一步开展研究提供了重要的依据。

四、核心概念

（一）城市基层综合治理模式

所谓城市基层综合治理模式，主要指城市基层管理中，在搭建信息技术平台基础上，充分发挥各类主体协同力量，优化城市治理的流程和环节，降低城市管理成本，整合城市管理中的资源，重点解决城市综合治理中存在的突出问题，保障城市有序、规范运行的管理模式。

（二）网格化管理

所谓网格化管理，指通过依托数字化、信息化通讯技术手段搭建城市信息管理平台，把某特定行政管理区域划分成若干单元网格，根据管理的需要，派出网格监督员在这些单元网格内巡查的管理模式。

（三）大联动大联勤

所谓大联动大联勤，指在网格化管理的基础上，将各类主体，包括社会主体、企业等通过平台联结在一起，在常态管理中，整合资源促进城市管理有序运行；在非常态管理过程中，动员各类资源处置紧急情况，快速恢复社会秩序的有效做法的管理模式。

(四)大联动大联勤+

所谓大联动大联勤+，指在大联动大联勤平台基础上，叠加更多社会管理、社区自治、生产安全及党建等大城市管理的内容和任务，保障基层综合管理平台成为多种主体共同参与、社会协同共享，将公共服务寓于基层社会管理中，提高基层综合服务平台的有效性和针对性的管理模式。

(五)精细化治理

所谓精细化治理，其核心是实行刚性的制度，规范人的行为，强化责任的落实，以形成优良的执行文化。它要求不断追求完美，遵循严谨细致和精益求精，是基于常规管理之上的改进、提升和优化，强调明确的管理目标、规范的管理流程和现代的管理手段，注重细节管理和全过程管理，试图动员和利用一切有价值资源达到效益最大化。

五、研究方法

(一)文献研究法

文献研究是一种通过收集和分析已有的文献材料，主要以文字、数字、符号等表现形式分析研究各种社会现象、社会关系之间的内在联系，给现实研究以启示的研究方法。文章的文献及资料收集包括理论和实证两方面：一方面是梳理国内有关城市管理网格化和大联动大联勤机制相关理论研究，为报告撰写积累丰富的资料；另一方面是收集及分析基层综合治理大联动大联勤机制运作的相关文件，为基层城市大联动大联勤机制研究提供充分的素材。

（二）案例研究法

本书通过调研收集了上海基层综合治理大联动实践的案例材料，对该材料进行分析，研究基层综合治理模式运作中取得的成绩及其存在的共性问题，并在此问题基础上展望大联动机制未来发展可能面临的问题，并就相关的问题探讨提供了解决的思路。

（三）实证研究法

发挥自身工作优势，多次赴区县、街镇网格化管理平台调研，广泛与网格化管理工作人员交流和讨论，掌握了第一手材料，并在第一手材料基础上作一些梳理和分析，力争分析其背后的原因和问题，提出解决相关问题的思路。

六、研究内容与基本框架

本书主要内容包括以下六个方面：

一是探讨基层综合管理模式发展的历史沿革及其特色、功能；

二是从整体性理论视角研究基层综合管理大联动大联勤机制的理论上的合理性；

三是从上海各区大联动机制个案着手分析取得的成就及其存在的问题；

四是剖析城市社会管理中基层综合管理模式遇到的理论难题与实践困境；

五是分析未来基层综合治理模式创新的发展战略与实践路径；

六是分析上海城市综合治理模式最新实践与探索——城市管理“大脑”。

第一章　城市基层综合治理模式创新：网格化管理

2004年，北京市根据城市管理的新形势和新任务，以东城区为试点创建万米单元网格管理法和城市部件网格管理法，着力推行城市网格化管理新模式，得到了国家有关部委的高度关注和肯定。随后，城市网格化管理在全国其他城市和地区试点和推进。

第一节　城市网格化管理的内容

当前，关于对城市网格化管理概念的理解有很多种。郑士源、王浣尘等认为，网格化管理指的是借用计算机网格管理的思想，将管理对象按照一定的标准划分成若干网格单元，利用现代信息技术和各网格单元间的协调机制，使各个网格单元之间能有效地进行信息交流，透明地共享组织的资源，以最终达到整合组织资源、提高管理效率的现代化管理思想。[①]他们更多是从技术层面进行界定的，体现的是管理过程中如何运用现代计算机的技术，最终发挥技术对提高管理效率的作用。竺乾威教授认为，网格化管理首先运用网格地图技术将某一地理管辖区域划成若干网格单元，作为最小的管理和服务单位（网格在某种程度上也可以说是纵向的底），比如北京东城区最先根据一万平方米为网格单位，将整个城区划分为1539个互相联结的网格单元，配备350名城市管理监督

① 郑士源、徐辉、王浣尘：《网格及网格化管理综述》，《系统研究》2005年第3期。

员。监督员的职能是对其管辖的网格内的城市部件进行监控。[①]这是从网格化管理模式运行过程进行分析，突出网格化管理模式强调的是纵向到底的管理过程，运用技术手段和人力资源保证城市管理中的条块分割、条条之间存在的缝隙问题，提高了城市管理的质量和效率。阎耀军认为，城市网格化管理是一种数字化城市管理模式。其特点是在控制论基础上，综合利用移动通讯和网络地图等高科技手段，实行全方位、高效率的城市管理活动。其主要方法是对应城市实体空间建立网格化电子地图，并在上面把城区划分成细密的网格，然后按照一定的管理幅度划定若干控制区，区内的公共部件和事件，均按其地理位置编码标定在电子地图上。每个管理区都设人轮班巡查，对区内所辖城市设施、市容卫生、治安状况进行全时段监控，一旦发现问题，立即通报指挥中心，指挥中心核实后再发往相关职能部门并限时解决。[②]这个概念的界定比较全面地对网格化管理模式进行了分析，既有技术的分析，也有管理学的过程描述，为全面了解网格化管理提供了全面的把握。

综上所述，所谓城市“网格化管理”，是指依托统一的数字化通讯技术手段搭建城市信息管理平台，把某特定行政管理区域划分成若干单元网格，根据城市管理的需要，派出网格监督员在这些单元网格内巡查，通过巡查，及时发现城市管理中存在的问题，并通过现代通讯手段及时向指挥平台报送信息，借助一套完整流程形成立案督促处置的程序，由相关责任主体在规定期限内解决这些问题的管理过程与模式。城市网络化管理模式包括两个方面内容：一是万米单元网格管理法，即在城市管理中运用网格地图的技术思想，以一万平方米为基本单位，将所辖区域划分成若干个网格状单元，由城市管理监督员对所分管的单元实施全时段监控，同时明确各级地域责任人为辖区城市管理责任人，从而

① 竺乾威:《公共服务的流程再造:从“无缝隙政府”到“网格化管理”》,《公共行政评论》2012年第2期。

② 阎耀军:《城市网格化管理的特点及启示》,《城市问题》2006第2期。

对管理空间实现分层、分级、全区域管理的方法；二是城市部件管理法，就是把物化的城市管理对象作为城市部件进行管理，运用地理编码技术，将城市部件按照地理坐标定位到单元网格地图上，通过网格化城市管理信息平台对其进行分类管理的方法。

第二节　城市网格化管理的特点

城市网格化管理在运行中体现以下的显著特点。

一是信息化。网格化城市管理是将现代化信息技术充分运用到城市管理的全过程，在过程中运用到了最新的3S技术、海量数据存储技术、移动通信技术、GPS定位等技术，这些技术共同构建了网格化城市管理模式的技术基础。

二是精细化。在城市网格化管理中充分发挥了数字技术的作用，将城市管理的区域进行分类、分层和量化，使得城市管理区域的每个部件和每个事件都能完整地展现在电子地图上，通过精细化的管理，提高了管理的精准度，大大增强了管理的效率和精细程度。精细化管理是现代管理的发展方向和本质要求，网格化城市管理模式正是一种精细化管理的体现。

三是动态化。传统城市管理模式是静止的、被动的，但随着现代信息技术的运用，增强了城市管理的动态性，随着管理中数据的积累，保障了城市管理的连续性和动态性，城市管理者可以根据城市管理的数据对管理过程进行全方位的把握，从而可以真正发现问题、解决问题并根据问题优化未来的管理模式。这样管理中的信息成了推动城市管理不断向前的资源。

四是系统性。城市网格化管理采用闭环的工作流程进行运作，体现了流程相对简单实用、快捷高效的思路，目前来看共分为四个工作环节：包括登记立案（问题采集、发现登记）、立案派遣、任务处理、评估结案。这四个环节之间体现了一个完整系统的概念，各个系统之间相互配合、相互衔接，通过网格化管理平台将四个环节有机联系起来，各个系统之间相互促进、相互推动，保障城市管理的流程更加顺畅、更加有效，提高城市管理的效率。

五是互动性。城市网格化管理实施以后，由于信息传递渠道畅通，调动了市民参与城市管理的积极性，增强了市民与城市管理者之间的互动，改变了城市管理者唱独角戏的局面。随着通讯技术广泛运用，市民在城市管理的前沿更易发现问题，并能将问题第一时间上传网格化信息平台，提高城市管理的针对性和有效性。同时，也加强了城市管理部门之间的互动。由于信息平台信息共享的功能，各部门之间沟通更加畅通，信息分享更加便利，使得各部门联动更加有效，这种部门之间的互动促进了城市管理的效用。

第三节 城市网格化管理的价值

城市网格化管理在现代城市管理方面有其显著的价值。

一是体现以人为本的理念。通过网格化管理平台前端发现问题的机制，主动发现和解决城市管理中事件和部件方面的问题，缩短了市民与管理部门之间的距离，提高了城市管理部门的响应度，满足了市民需求，体现了以人为本的理念与价值。

二是实现精细化管理的有效路径。精细化管理就是制定明确的管理标准，细化管理责任，精确定位管理对象，高效地处理管理问题，做到全方位覆盖、全时段监控、高效能的管理。通过精细化管理可以大幅度提高管理效率，使城市管理由不可控变为可控，实现城市在有效管理中的运行。

三是优化城市管理流程，提高了管理的效率。通过网格化管理平台整合各部门资源，缩短与市民之间的距离，实现扁平化管理模式，有利于消除传统管理体制部门之间资源、信息隔裂的弊端，优化城市管理过程中的流程，提高政府的回应性。

四是降低政府运作成本。通过城市网格化管理模式运行，减少了政府管理的层级，缩短了政府与民众距离，使政府为民众服务的距离大大缩短，降低了政府运行的成本，提高了城市基层公共服务的效率。

五是成为信息化技术运用的平台。网格化管理平台是多项信息化技术集成应用的平台。该网格化平台汇集了网络技术、数据存储与备份技术、网格地图技术、地理编码技术、GIS、GPS、数据仓库技术等十几项信息技术，实现了技术的集成创新。

第二章　上海城市基层综合治理模式的实践探索

上海城市基层根据城市管理的需要，探索了不同的治理模式，综合治理模式也从网格化管理、大联动大联勤、大联动+等模式的演变，适应了不同时期城市管理的需求。

第一节　上海城市网格化管理的探索与实践

一、上海城市网格化管理的探索

2005年4月，上海市“12319”城建服务热线正式开通。同年10月，与“12319”城建服务热线联通的上海市城市数字化管理市级平台和卢湾（现已并入黄浦区）、长宁两区的区级管理平台投入试运行。2005年5月开始，上海城地公司开始实施长宁和卢湾两区的网格化部件调查工作，两区率先在全市进行了城市管理网格化试点和探索。从2006年起，上海在中心城区全面推行了城市网格化管理，将市政、交通、水务、房地、市容、环卫、绿化等部门各自建立的GIS系统纳入网格化管理大系统中。根据上海市的统一部署，浦东、徐汇、黄浦、静安4个区在2006年6月开始试运行和探索。2006年下半年，普陀、虹口、杨浦、闸北等4个区陆续完成了网格化管理信息系统建设；同时，松江、青浦等郊区城市化地区网格化管理平台的试点建设也已经启动。当年，上海已经形成了市、区、街道三级之间的大型数据库，在这个大平台上，6000多个管理网格以及其中数百万个部件和事件，可以实现各个层面之间的实时沟通和信息共享，真正在上海市全面推行了城市网格化管理模式。2007年12月，上海市建设和交通委员会制定并颁布了《上海市城市网格化管理实施暂行办法》，此办法颁布和实施标志着上海城市管理网格化进入了一个新的阶段，该办法成为城市管理网格化的重要法规基础，为推进城市管理网格化进一步制度化和规范化迈出重要一步。

二、上海城市网格化管理的内容[①]

上海根据城市管理网格化模式的要求，结合上海城市管理的特点，特制订了《上海市城市网格化管理实施暂行办法》及后来的《上海市城市网格化管理办法》（以下简称《办法》），从制度和规范上明确了上海城市网格化管理的内容及特征，具体如下：

城市网格化管理根据其运作特征可以概括为“一支队伍”“一张网格”“两类对象”“三大功能”：（1）“一支队伍”，是指由区（县）网格化管理机构按照市建设交通行政管理部门统一要求设立一支网格监督员队伍，并由网格监督员按照全市统一的工作规范和实务操作流程，承担日常巡查任务，履行发现城市管理问题、传送巡查信息、并进行现场核实等职责。（2）“一张网格”，是指按照标准将城市管理范围划分为边界清晰、大小适当的一个个网格状区域，成为城市网格化管理的地理基本单位，确定网格监督员巡视的责任区域。（3）“两类对象”，是指《办法》中规定的适用于城市网格化管理、网格监督员应当巡视的、按照标准确定的“部件”和“事件”。其中，“部件”包括窨井盖、消火栓、电力杆、电话亭、防汛墙、道路护栏、公交站亭、交通信号灯、道路指示

① 部分材料来源于2013年7月上海市政府颁布的《上海市城市网格化管理办法》。

牌、垃圾箱、行道树、加油站等与城市运行和管理相关的公共设施、设备，目前已确定了88种；“事件”是指占道无照经营、毁绿占绿、违法搭建、非法客运、餐饮油烟污染、非法行医、非法食品加工等已经发生或可能发生的影响公共管理秩序的行为，以及暴露垃圾、道路破损、墙面污损等影响市容环境的状态。目前，已确定的适用于城市网格化管理的事件共32类。网格监督员巡视的任务就是发现其巡视的责任区域内的“部件”是否出现缺失、破损、毁坏等问题，以及是否发生或存在违反公共管理法律规定的行为、现象等“事件”。（4）“三大功能”，是指城市网格化管理制度设计在现有行政管理体制及其功能基础上，增加了“发现（问题）、分派（案件）、监督（处置）”三大新功能，以督促现有行政管理的运作更为有效。①发现问题，即指网格监督员在责任网格区域进行日常巡查中发现“部件”和“事件”存在问题时，通过手持通讯设备立即进行拍照、录音或者摄像，并即时将信息传送至区（县）网格化管理机构；②分派案件，即指区（县）网格化管理机构收到“问题”信息后及时立案，并将案件分派给负有相关处置职能的行政管理部门或者环卫、燃气、供排水、电力、通信等公共服务单位，依法依规处置；③监督处置，即由网格化管理机构派出监督员对上述行政管理部门或者公共服务单位处置案件情况巡视检查，定期评价，督促履职，并使评价结果与相应的城市管理目标考核或者行业管理考核相联系。

三、上海城市网格化管理取得的成效与存在的问题

（一）城市网格化管理取得的成效

一是管理理念创新。城市网格化管理充分体现了公共管理创新的最新理念，将融合型行政与无缝隙政府的理念通过现代化的通讯技术得以实现，将政府各部门、市民、各种组织通过网络平台联系在一起，提高

政府部门之间、市民与政府之间、政府与社会组织之间的互联互通的程度，大大提高了政府行政效率，增强公共服务产品提供的针对性和有效性。

二是管理模式创新。城市网格化管理通过再造了管理的流程而创新管理模式。网格化管理在城市管理方面应用了精细的网格城市管理技术和网络技术，创立了单元网格管理法和城市部件管理法，大大规范了城市管理的工作流程，将精细化管理与公共服务产品提供有机结合，从而实现城市管理模式的创新，实现了政府与市民的零距离服务。

三是管理流程优化。城市管理网格化改变了以前自上而下的单向的管理流程，进而变成由上而下、由下而上、横向互动多个维度运行的管理模式和流程，把每个部门和管理者编进了各个有效的网络节点，从发现问题、报告问题、解决问题、反馈问题到督察问题，形成了一个有序的闭环，减少了城市管理中问题解决的环节和层级，大大提高了办事的质量和效率。

四是管理效率提升。由于现代化的技术手段运用，实现了城市管理的扁平化，缩减了城市管理过程中的环节和程序，信息发现与传递速度更快，问题解决的部门之间信息更加畅通，整个管理的过程更加透明化和便捷化，从而提高事件解决的效率和速度，民众的满意度大大提升。

五是市民参与度提高。城市实施网格化管理后，通过现代通讯技术和网络技术将现实中的空间虚拟化，将城市的空间编成网格中的各个节点，市民通过网格化平台参与到城市管理中，实现与管理部门之间的互动，民众参与的热情提高，对政府管理的监督大大加强，促进政府城市管理水平提高。

六是管理能力增强。城市实施网格化管理以后，通过网络平台将各城市管理部门整合在一个平台上，有利于解决部门之间隔离、条块分割之间的问题，穿刺管理中的“死角”和“盲点”，有效地填补了各部门权力之间的边界空白，解决了权力运行中因权力不清、责任不明而引起的冲突和纠纷，形成全方位为民服务的平台，满足不同市民公共服务的需要，增强了政府的城市管理能力。

（二）城市网格化管理面临的突出问题

上海网格化管理模式在运行中取得一定成绩的同时，也面临着一系列问题，这些问题影响了网格化管理模式的效果。

一是城市网格化管理组织模式和远景尚未清晰。城市网格化管理本身是个新东西，很多机制、技术和管理模式还处在试运行阶段，到底达到什么样的效果还难以定论，各区在试点中的模式也有差异，未来网格化管理模式到底能走多远尚未确定，很多基层对网格化管理模式持观望态度。

二是城市网格化管理缺乏相应的法律规范支撑。城市网格化管理是在探索中成长起来的，原来是仅作为城市建设管理部门的一种新型运行载体的探索和尝试，未来基本方向不是很清楚。当时以建交委名义出台了一个文件，所有工作的推行基本依赖政府的行政力量，很多时候各区的试点进展也不一样，缺乏统一的规范与标准。

三是城市管理者对网格化的认识标准还未统一。在城市网格化管理推进中，很多参与人员认识标准不统一，毕竟这个网格化平台也是新事物，它的功效能不能达到，成本是不是降低，都难以确定，因而在推进网格化过程中，消极被动应付的现象时而发生。

四是城市网格化管理并没有完全解决条块体制性的矛盾。尽管推行了城市网格化管理，在城市管理中依然会出现部门分割、职能交叉、边界不清、责任不明等现象，由于部门之间职能交叉、边界不清给城市网格化管理中心的指派工作造成一定难度，而且经常会形成各职能部门对解决问题互相推诿的局面，网格化管理并没有彻底解决体制中的弊病。

第二节　上海城市基层综合治理大联动大联勤模式

从2009年下半年开始，上海部分地区，尤其是城郊结合部为了解决日益复杂的社会问题和提高政府对民众需求的回应性，在不改变现有城市管理体制基础上创新城市社会管理的机制，将源头治理、动态管理、应急处置三者有机结合，在前期试点的城市网格化管理的基础上，探索城市综合管理大联动大联勤模式，建立基层综合服务管理平台——城市综合管理与应急联动中心，以新思路破解社会管理难题，试行了“管理力量大整合、社会服务大集中、信息采集大平台、矛盾隐患大排查、社会治安大联防、行政执法大联动”的城市综合管理和应急联动机制，力求通过体制机制创新，化解社会矛盾，缓解社会压力，促进社会和谐，提高城市社会管理科学化水平。

一、大联动大联勤机制创新的动因：城市管理亟需综合治理和联动协调

改革开放四十年来，上海城市建设与管理取得举世瞩目的成就，尽管在城区也探索了城市网格化管理模式，但从当前城市社会管理现状来看，城郊结合部确实存在一些亟待解决的问题。一方面城市化进程快速推进，社会问题异常突出，如城中村、违法搭建、群租、乱设摊、食品黑作坊、无证经营等现象给城市社会管理带来巨大挑战；另一方面城市管理的机构设置、力量配置还沿用原有的管理模式，公安、工商、城管、药监等在内的各类行政执法力量主要是按“条线”结构垂直管理，但“条”与“条”之间存在壁垒，“条”与“块”之间缺乏有效联动，很多管理事项边界不明，责任不清，影响了城市社会管理的效果。这些

突出问题对传统城市管理体制提出了新要求和新挑战，在城市网格化管理的基础上亟需构建一种新的综合治理机制以适应城市化进程快速发展的需要。

（一）城市化进程加速推进，社会管理任务艰巨

随着新城建设、大型社区建设等项目加快推进，大量人口向新城、新市镇、城郊结合部聚集，给城市社会管理带来许多新情况、新问题。特别是人口数量快速增长、人口倒挂现象尤为突出及人口结构的日趋复杂，给社会稳定和社会管理带来了巨大挑战。如嘉定区实有人口135万，其中来沪人员80多万，近十多年来，该区来沪人员总量增长了近3倍，年平均增长率达到14.5%。如闵行区截至2012年6月统计，全区流动人口已超过120万，与98万的户籍人口形成人口倒挂，原来按照户籍人数进行配备的公共服务产品难以满足区域内实有人口的需要，对原有的城市管理服务模式提出了新要求。由于大量来沪人员及老城区人口的导入，使部分区域“城中村”、违法搭建和群租等现象异常突出；小发廊、小饭店、小网吧、小浴室、小棋牌室、小游戏机房等无证“六小”场所蔓延，乱设摊、无证照经营现象难以遏制，原有的传统管理模式越来越不适应城市快速发展的需要。

（二）现行城市管理体制“条块”矛盾凸显，难以有效整合资源

当前，城市管理中很多问题的责任主体在“块”上，而执法权限和资源在“条”线，原有的“条块结合、以块为主”管理模式在具体落实中，缺乏明确规范有效的工作机制，致使城市管理中“条”与“块”之间缺乏有效联动。同时，因“条”与“条”之间执法力量分散，缺乏必要的联动，使“条”与“条”之间存在壁垒，在对一些“乱点”“顽症”执法时，往往因单一部门的行政执法行为无法形成合力，导致城市管理的法律效果和社会效果都不尽如人意。在实际工作中，当问题涉及多个

部门时，往往因不能明确问题的首要责任人或最终责任承担者，陷入“谁都有责任，谁都可以推卸责任”的怪圈，使得部分问题成为管理中的“真空”地带，出现了管理部门之间的“缝隙”。这就需要在城市管理中加强综合服务管理平台建设，有效整合“条块”各类管理资源，形成城市综合管理合力，解决城市管理中事项边界不明、责任不清的突出问题。

（三）传统应急性、被动式的管理模式弊端显现，影响城市的长效治理

传统应急性、被动式城市管理模式重“专项”、轻“常态”，重“突击”、轻“管理”，这种城市管理模式习惯于搞专项整治，短期内效果较好，缺乏可持续性，往往出现“整治——回潮——再整治——再回潮”不断反复的怪圈。由于专项整治和突击治理模式的存在，也导致了一些职能部门对该管的工作没有积极性，等着专项整治来推进工作，影响了城市管理的长效机制建设。同时，该传统管理模式将更多精力放在事后的处置上，所需要的成本和代价很高，对源头上治理投入不足，难已满足现代化城市全过程管理的需要。

（四）基层管理的力量不足和资源匮乏，难以满足城市综合管理的新要求

当前城市管理机构设置、力量配备还沿用原有的传统管理模式，管理力量基本还是按照户籍人口数配置，而基层社会管理任务相当艰巨繁杂，专业执法力量和资源严重不足，影响了行政执法的效率。如截至2011年底，松江区工商部门人均监管数达到405户；在食品监管领域，人均监管户数为44，同样的情况，在交通执法、房管、卫监等许多部门都不同程度存在。人员力量不足、资源缺乏致使基层管理能力与基层管理任务不相匹配，这就需要新的综合联动平台和机制来统筹协调、整合

资源，解决基层力量不足和资源匮乏的问题。

总之，随着城市化进程加快，很多城市社会管理问题突显，原有的城市管理“块”与“条”之间缺乏有效联动，“条”与“条”之间存在壁垒，相互之间信息缺乏沟通，难以满足城市日益复杂的社会管理需求，这就是区县创新城市社会管理模式，推进基层综合治理机制建设，探索“大联动大联勤”机制建设的动因所在。

二、上海各区大联动大联勤机制的探索①

从2009年下半年开始，上海市部分区探索建立大联动大联勤机制，加快推进基层综合服务管理平台建设，其基本内容是不改变现有的行政管理的组织体制，不改变部门的行政管理职责，通过队伍整合、管理联动、信息互通、资源共享等举措，实现信息准确采集、指挥高效正确、处置快速及时的目标。大联动联勤机制是一种城市管理机制的创新，是基层综合治理机制创新的重要路径选择。大联动大联勤机制基本上是围绕着源头治理、动态管理和应急处置等三个环节而设计的。其具体内容如下：

（一）完善管理组织架构，做到“条块”有机结合

奉贤区在区级层面建立区城市综合管理和应急联动工作领导小组，成员由各相关委办局和各镇、开发区、社区主要负责人组成。各镇、开发区、社区，各相关委办局相应成立领导小组。同时组建区、镇、居（村）委三级大联动工作网络。区级层面将原区绿化市容局所属的城市网格化管理职能和区府办所属的应急管理职能进行整合，成立“奉贤区城市综合管理和应急联动中心”，增挂“上海市奉贤区城市网格化综合

① 此处部分材料来源于2014年松江区治理办公室《松江区城市综合管理机制创新研究》调研报告。

管理中心”牌子。全区有55家区级处置单位、12个镇级分中心、215个居（村）委工作站，通过综合服务平台建设，实现“条块”的力量有机整合。闵行区依照“条块结合，以块为主，统一协调，分级包块，责任明晰”的原则，积极创新机制，实行组织再造，建立了区层面联动中心（即闵行区城市综合管理和应急联动中心），街镇层面13个联动分中心和社区层面520个居（村）委“大联动”工作站，三级大联动组织架构形成了三级网络，并积极发挥区“大联动”中心统一指挥、协调、监督的功能，整合各职能部门的信息资源、执法力量，建立了常态化行政执法和综合管理联动机制。

（二）以网格化管理为手段，确保管理“重心”下移

松江区以网格化管理为手段，在各镇建立了大网、中网、小网、责任区、工作站的网格责任体系，将派出所、交警中队、城管中心、工商所执法管理人员、协管力量和村居委会的工作人员，经整合后分层次地全部纳入网格，并明确与责任区域相对应的责任人和工作职责。闵行区以行政区划分为单位，将全区“大网”划分成13张街镇“中网”，“中网”划分为由社区巡管网格和街面巡管网格组成的520个“小网”，不同“小网”下再设若干巡区或责任块，层层递进，建立起一张“横向到边、纵向到底”的管理网络。社区网格内，由社区民警组织社区“大联动”工作站成员共同参与每月防范宣传、警民相约、警情通报等活动。实现了街面和社区管理空间的无缝衔接，白天和夜晚管理的无缝衔接，市容城管和治安防控管理的无缝衔接，保障城市管理的力量和资源“下沉”，确保城市管理的“重心”下移。

（三）注重力量整合，形成多元主体联动模式

闵行区在“条”上，发挥区“大联动”中心统一指挥、协调、监督的功能，有效整合各职能部门的信息资源、执法力量，建立常态化行政

执法联动机制。在“块”上，以街镇“大联动”分中心为平台，整合涉及城市综合管理各类协管力量，从以“条线管理”为主转变为以“街镇管理”为主。在社区，整合就业援助、社区助残、房屋协管、社区保安、小区物业、楼组长等队伍，形成社区网格巡管队，开展违法违规基础信息采集、隐患排查和信息上报等工作。在街面，整合派出所、城管、城管协管、治安辅警、网格监督员等队伍，形成街面网格巡管队，开展城市公共设施管理、市容环境管理和治安巡逻等工作。通过大联动机制的网格化管理将各种力量整合到联动的平台上，形成多元主体联动参与的模式。

（四）优化管理流程，实现全过程管理

大联动大联勤机制运行中实现了扁平化管理，减少了管理环节和流程。坚持主动发现问题——大联动平台指挥——现场队伍处置——大联动平台监督考核——结果反馈主线。实现了流程优化，形成了一个闭环运行系统，减少外来程序和流程因素的干扰，提高了社会管理的效率和降低了社会成本。闵行区在管理方式上从“处置问题”向“发现问题”延伸，从“事后执法”向“前端服务管理”转变，以信息化平台建设为支撑，将区、街镇、居村委“大联动”三级网络有效串联起来，通过常态化的信息排查工作，对城市管理中的问题，按照应急管理“早发现、早报告、早研判、早处置、早解决”的“五早”原则进行先期处置，防止由于社会管理工作不到位，使得苗头性、倾向性问题演变成处理“顽症”和历史“欠账”，努力实现常态化管理与应急管理的有机结合。

（五）发挥信息化功能，提高大联动大联勤机制科技含量

闵行区依托区政务网，整合现有的巡防警务系统、安全生产、城管系统、危化物品管理系统等城市管理数字化资源，建立区城市综合管理和应急联动平台，及时采集和处理相关城市管理事件，形成信息采集、

流转、处置、反馈的运作流程，实现了区、街镇、社区三级网络的有效串联，联动部门之间的信息共享、接口有序和工作联动。整合受理平台，开通“962000”民生热线，并接入“12345”上海市民热线，24小时一门式受理群众对城市管理存在问题的投诉建议，统一协调相关职能部门在规定时间内处置。

（六）建立健全考核机制，提升多元主体联动的效度

为确保大联动大联勤机制真正发挥实效，区县政府将各单位大联动工作绩效纳入目标管理考核。奉贤区为保障大联动高效运转，区政府及区大联动中心建立和健全了一整套管理办法和工作制度。2012年，奉贤区大联动中心联合区政府办、监察局等组成考核小组根据《奉贤区城市管理和应急联动工作考核办法》制定的目标内容，按照工作量大小，对联动单位进行考核，将考核依据作为领导班子和领导干部考核奖励的重要依据。另外还建立案件督办制度和媒体监督的联动机制。通过考核监督，督促各类主体高效联动，提高城市综合服务管理的水平。

上海区级大联动大联勤机制的探索，坚持源头治理，标本兼治、重在治本，以网格化管理、社会化服务为方向，推进了基层综合治理机制的建设和创新。当前尽管各区县大联动大联勤运行模式略有不同，但其核心理念和运行机制基本一致。大联动大联勤机制的工作思路可以概括为管理力量大整合、社会服务大集中、信息采集大平台、矛盾隐患大排查、社会治安大联防、行政执法大联动。它科学运用了社会化、市场化、专业化资源，实现城市服务、管理、执法为一体的城市综合管理模式。

三、大联动大联勤机制创新的成效：有效缓解城市管理中的突出问题

上海区级大联动大联勤机制以“整合资源、联动协作、提高效率”为指导思想，注重“网格化管理、合成化管理、源头管理、信息化管理”的工作理念，创新了“综合领导权威化、发现渠道多元化、事件处置网格化、联合执法常态化、协同作战一体化、信息传递科技化”的工作方式，在管理理念和效果上，初步实现了城市管理体制和方式的“四个转变”，即管理架构从“条线为主”向“以块为主”转变，管理内涵从“单一”向“综合”转变，管理模式从“粗放式”向“精细化”转变，从“事后执法”向“前端服务管理”转变。在实践中，上海区县大联动大联勤平台和机制建设成效主要表现如下：

（1）大联动大联勤机制以解决民众关切的问题为路径，提高了政府对民众诉求的回应性。大联动大联勤机制突出强调：主动发现问题，健全矛盾隐患排查机制，通过日常网格化联勤和小联勤巡防，及时发现、快速处置，突出源头治理、前端管理。这样就实现被动整治转为主动治理，将矛盾控制在萌芽状态，将过去的联合整治由突击开展转变为常态集中，通过条上联动、块上巩固，有效强化了对城市管理老大难问题的长效工作机制建设，从而掌握了城市社会管理的主动权，满足民众的社会需求，为民众提供有效的公共服务产品，提高政府对民众诉求的回应性。

（2）大联动大联勤机制有效改善城市管理部门职能交叉的状况，实现了“条”上资源在“块”上整合。城市管理是一项复杂的系统工程，内容繁杂，涉及综治、公安、城管、卫生、安全等几乎所有具有行政管理权的职能部门。随着市场经济的复杂化和管理部门的专业化，城市管理事项多头管理的情况也日益普遍，“条块”分割的弊端更加突出，这

就可能产生多个部门间推诿扯皮或者越权执法的现象。大联动平台和机制建设将各职能部门及其管理的事项统一整合，由统一的综合管理平台处理，做到“即发现、即处置”，有效改善部门管理内容交叉、管理责任不明晰的状况。同时，大联动机制突破原有“条块”分割的科层体制局限，实现了从传统科层制治理向整体性治理模式的变革，通过“条”上资源在“块”上整合，街镇联动指挥中心既有各职能部门授予的部分先期指挥权，也有对街镇各方面力量的综合协调权，有效改变过去各自为政的局面，实现城市管理中的“多赢”格局，为民众提供整体性的公共服务，提高政府为民服务的能力和水平。

（3）大联动大联勤机制有效实现管理重心从“突击整治”向“源头治理”转变，强化了城市综合管理的长效机制。当前，城市管理中不少问题积重难返的主要原因是社会前端管理工作不到位，以致前端的“小苗头”，演变成了末端的“大问题”。大联动机制建设在城市管理工作流程的设计上，坚持“先服务、再管理、后执法”的理念，管理方式从“处置问题”向“发现问题”延伸。在大联动机制推行过程中，始终把握“三个尽可能”，即：能在初始阶段解决的，尽可能不拖延至后续环节解决；能通过服务手段解决的，尽可能不动用管理手段解决；能通过管理手段妥善解决的，尽可能不进入执法程序。这种强调“源头治理”和“综合服务”的大联动平台建设有利于从源头上排查隐患，消除风险，转“整治式”执法为“常态性”管理，杜绝出现“整一整，好一段；松一松，乱一阵”的现象，掌握了城市社会管理中的主动权，将过去的联合整治由“突击开展”转变为“常态集中”，通过“条上联动”“块上巩固”，有效强化了城市管理老大难问题解决的长效工作机制。

（4）大联动大联勤机制有效整合了城市管理的队伍和资源，提高基层政府的城市管理能力和水平。在对部分地区城市管理工作的调研中，从各个政府部门中听到最多的声音往往是人员不够，力量不强。但具体到某一个街镇，公安、城管、工商、市政等各个部门专业人员及协管力量的总数不少（以嘉定工业区为例，区域内共有含公安、城管等各类执法及协管人员600余人）。在日常执法管理中，各部门往往是单打独斗，发现不属于本部门管辖的违法事件，既没有管辖的权限，也缺乏工作积极性。大联动机制通过将“条”上资源在“块”上整合，探索和建立以街镇为主的行政执法联动模式，解决力量分散、信息屏蔽、各自为战的管理弊端，形成“一张管理网络、一套运行机制、一个指挥系统、一个服务平台、一支综合力量”的城管工作新格局。这有效改变了过去各自为政的局面，实现了城市管理中“多赢”的目标。

（5）大联动大联勤机制创新社会参与模式，吸纳各种主体参与城市管理，实现多元主体的协同治理。大联动大联勤机制以街镇分中心为平台，整合社区保安、社区综合协管、市容环境协管以及居委干部、物业安保、治安积极分子等各类协管辅助力量和平安志愿者，协助开展城市综合管理工作。在居（村）层面，紧紧依靠群众性自治组织和各种社区（村）管理力量，动员党员、社区居民（村民）、平安志愿者参与社区、农村区域内涉及公共安全、公共环境和公共秩序的自治管理、自我服务，并与大联动对接，完善及时发现、快速处置机制，实现了各种主体协同治理，提高了城市综合治理水平。

上海区县大联动大联勤机制是城市基层综合治理机制创新的重要路径选择，是政府管理模式创新的有效探索，该机制坚持了源头治理，标本兼治、重在治本，以网格化管理、社会化服务为方向，以满足公民需求为主导理念，以信息技术为手段，以协调、整合和责任为策略，实现了城市综合管理中各种力量联动和整合，体现了城市管理整体性治理的内在要求，有利于提高城市综合服务管理的科学化水平。

第三节　上海城市基层管理综合治理机制的升级版：大联动+模式

十八届三中全会决议指出，坚持源头治理，标本兼治、重在治本，以网格化管理、社会化服务为方向，健全基层综合服务管理平台，及时反映和协调人民群众各方面各层次利益诉求。2014年上海市委“一号课题”明确规定，建设以网格化管理和联动联勤为重点的城市社会全面综合管理机制，完善基层社会治理体系，进一步提高基层社会治理能力。2015年上海市政府工作报告指出，上海要深化城市网格化管理，设立街镇城市网格化综合管理中心，推动网格化管理向城市住宅小区和农村地区拓展，推进网格化管理与大联动、大联勤、“12345”市民服务热线的融合互动，坚持系统治理、源头治理、综合治理，不断深化城市网格化管理，夯实城市管理的基层基础，进一步完善城市管理长效机制。上海部分区县提出进一步拓展大联动大联勤的功能，借鉴“互联网+”的理念提出实现大联动+的基层综合治理模式。以下以闵行区为例。

一、城市基层综合治理大联动+模式出台的背景①

2014年上海市委“一号课题”主题是加快上海基层社会治理体系和治理能力现代化建设，提高基层社会治理能力。缘此，社会管理成为基层政府重要的职能和内容，对社会管理工作提出更高的要求，这也成了大联动机制必须升级的重要原因，具体表现如下：

（1）经济职能上收、社会管理下沉将是未来指导经济社会发展的一贯思路，大联动机制不能适应新形势需要。根据2014年上海市委“一号

① 部分材料来源于闵行区大联动中心的《闵行区政府2015年推进“大联动+”工作材料》。

课题”的精神，基层街道经济职能上收，社会管理下沉，管理效率越高。闵行区是上海市大力推广的社会管理大联动工作的发源地，但闵行区大联动其实没有真正解决闵行的问题，大联动在制度设计上亦有一定缺陷——主要联动在区级层面，而街镇没有很好地承担起管理职责，居（村）前端管理职能也没有真正落实，基层只负责发现上报，大量问题由区各相关执法队伍直接处理，犹如“隔山打牛”，很容易形成选择性执法。事实上，社会治理工作大多数的问题发生在基层，大多数的问题如果能通过前端管理解决，那么社会管理成本才会最低、效率才会最高，只有极少部分的社会治理问题，需要通过最后的执法管理解决。因此，社会管理和治理是否到位，关键在居（村）。从目前趋势来看，越往基层，经济建设越要让位于社会管理和社会治理。对区里来说，经济发展是闵行区域发展的关键，务必聚精会神一心一意地抓好经济建设；对街道来说，今后社会管理和社会治理将是各项工作的重中之重。

（2）加强社会治理是政府未来的最主要职责，原有的大联动机制不能满足社会管理的新要求。社会治理、城市管理的有序化长效化是经济社会发展的重要保障，是地方政府的重要职能。闵行区现有的违法占地、违章建筑、人口结构、低效产能、食品安全、治安防控等这些问题，是长期以来片面以经济建设为中心而疏于管理的结果。这些矛盾问题的后果：一是极大影响社会公平与正义；二是严重影响各级党委政府、基层党组织与自治组织的公信力，造成基层干部失去威信；三是滋生“小官贪腐”行为。因而，上海市委明确指出，加强社会治理是适应全面深化改革新形势、落实中央社会治理新要求、回应人民群众新期待的历史必然选择。

（3）以经济指标为中心的发展模式必须转变，大联动机制和平台应承担更多的工作。长期以来一直强调以经济建设为中心，大家已习惯于数字出干部、指标论英雄，大部分干部包括街镇领导、村书记，把完成经济指标、招商引资作为工作的唯一中心。上海市委市政府已经在社会治理方面提出明确要求，街道剥离招商职能，居（村）取消经济指标考核。各级主要领导要把主要精力放在社会治理上，故而完善大联动机制成为必然趋势。

二、城市基层综合治理大联动+模式内容

闵行区经过前期的酝酿和讨论，确定深化大联动体制机制改革，提出了大联动+的模式，其工作目标是“3加1”：即建好三个平台，夯实一个网格。建好三个平台，即明晰居（村）、街镇和区职能部门在社会治理中工作界面和职责任务，加强源头预防和基层自治，建立联动联勤管理新模式，做实居（村）前端管理平台、做强街镇综合管理平台、做优区级监管服务平台，构建“三级联动、职责明晰、相互衔接、运转高效”的城市综合管理新格局；夯实一个网格，即以城乡空间、时间全覆盖为原则，实现社会管理网格全覆盖，责任网格之间实现无缝衔接、统一编号，落实管理人员和责任。

(一)做优区级监管服务平台

1.强化条线部门行业管理职能

区级职能部门转变职能，履行专业规划、业务指导、执法监督、综合监管和目标考核等职责任务。相关职能部门依法依规梳理本条线与街镇之间执法管理工作界面和任务清单，并对需要居（村）加强前端管理的项目任务提出具体要求，明确事（部）件责任主体、案件办理工作流程和结案标准。

2.建立分层分级协调督办机制

区大联动监管平台落实日常分析制度，对问题案件、推诿扯皮现象要依靠区相关牵头部门协调解决，相关部门及时反馈落实情况。建立区层面协调督办制度，定期研究和部署大联动工作，区联动中心要及时将

涉及面较广、社会影响较大的疑难案件专报区领导，区领导批办或协调的案件，区督查室要跟踪督办。

3.加大监察督办和治庸问责力度

一是完善催办督办机制。改进“大联动”平台案件流水号系统，实现各个层级、环节责任人与具体案件的责任捆绑，建立红灯超时案件定期通报制度，对红灯超时案件较多、处置不力的单位，要发放催办督办通知书，责令限期整改。二是完善效能监察机制。凡属街镇、部门法定职责，因红灯超时、工作延误、推诿扯皮、敷衍塞责等履职不到位，造成不良影响，或催办督办仍逾期未改正的，区联动中心要向监察部门进行案件移送，由监察部门实施效能监察。监察部门要通过工作约谈和全面调查，查清事实，认定责任，视情节轻重程度，责令限期改正或启动问责。三是完善问责制度。凡经效能监察认定工作人员存在“有错”和“无为”行为，违反有关法律法规、政策和制度，行使职权造成工作损失或损害管理相对人的合法权益的，或者不作为、不履行、不及时有效地履行规定职责，在社会上造成不良影响和后果的，应当依照《闵行区各级机关工作人员有错与无为行为问责办法》进行问责。

（二）以增强治理能力为重点，做强街镇综合管理平台

街镇是地区社会治理责任主体，对居（村）前端管理平台负有指导监督、托底管理责任。各街镇应建立“属地化管理、多元化参与、快捷化反应、责任化运作”运行机制，落实好源头治理责任。

1.做实街镇城市网格化综合管理中心

根据市委“一号课题”相关文件要求，统一设置街镇城市网格化综合管理中心，人员编制由各街镇在现有事业编制中统筹解决，功能根据市文件统一规定。

2.下沉行政资源和管理责任，做强街镇综合管理功能

一是将城管中队、规土所、房管办、卫监所、水务站等管理执法力

量下沉至各街镇。镇级城市管理综合执法实行“镇属、镇管、镇用”，街道（包括莘庄工业区）城管执法中队以区城管执法局名义执法。规土所、房管办、卫监所、水务站等执法力量下沉后，其业务工作责任主体为街镇，区相关部门负责业务领导，上述单位依法实施权限范围内的行政执法管理活动，区相关条线部门负责审批并承担执法主体责任。二是各街镇公安派出所、工商所、食药监分所等派出机构行政执法管理体制保持不变，其相关业务范围的社会管理责任主体要落实到街镇。三是区发改委、建管委、交通委、经委、农委、人保局、环保、质监、教育、文化、民防办等在街镇没有派出机构、且行政执法权限未委托街镇的，其前端管理责任也要由街镇承担，行政执法责任则由区级部门承担。

3. 强化常态运行，完善分层分级快速处置和协调督办机制

一是建立派驻式联动执法模式。各街镇应由城市网格化综合管理中心牵头建立“2+X”联动执法管理模式。“2”是指城管、派出所两个主要职能部门；“X”是指工商、食药监、房管、卫监、安监、环保等其他部门。二是健全联勤联动和快速处置机制。各街镇应统筹协调街面各类力量开展网格化联勤巡管，可将市容环境管理队伍和治安网格巡逻队伍进行网格叠加、联勤巡管。各街镇应关注居（村）委上报的问题隐患，联动执法办应及时组织相关执法管理力量，尽可能将问题解决在先期和前端。

4. 完善协调督办和问责机制

一是各街镇应健全规范联席会议制度，完善疑难案件协调督办机制，党政主要领导要定期听取大联动工作情况通报，分管领导应各司其职，根据职责分工，牵头协调或督办疑难案件处置工作，纪检部门应负责督办超时红灯案件。各街镇应做实街镇分中心平台，赋予分中心指挥协调权威，真正起到牵头协调、资源整合、指挥派遣、处置督办、评价考核等作用。二是各街镇要细化问责办法，重点突出对居（村）委党组织书记作为第一责任人落实前端管理责任情况的考评问责。对党员干

部、国家公职人员等从事“四违”、房屋群租、无证照经营等违反城市和社会管理的各种行为，相关部门要加大处理力度。

(三)以提升自治能力为核心,夯实居(村)前端管理平台

1.做实基层基础，明确居（村）委社会治理职责

居（村）委要依托居委“四位一体”和村民自治建设，提升基层治理能力。居（村）委党组织书记为辖区社会治理工作的第一责任人，居（村）委应担负起前端管理6项职责和13类任务。一是积极预防。居（村）委应发挥基层党组织和居（村）民自治组织的作用，广泛整合社区力量，通过加强法制宣传、制定村规民约、开展邻里提醒等措施，做好前端隐患问题预防工作。二是巡查发现。各居（村）委应围绕13类管理任务，组织力量在责任网格内开展网格巡查，做到应发现、尽发现。三是宣传劝阻。发现各种问题隐患和违法违规行为的，巡查人员应立即开展宣传、劝阻工作，督促当事人自行整改。四是快速处置。巡查人员在当场劝阻无效情况下，应立即报告居（村）委，居（村）委第一责任人应迅速组织快速处置力量开展处置，力争将各类顽症问题解决在初始阶段。五是及时报告。居（村）委先期处置无效的，应第一时间向街镇中心报告。六是巩固成效。责任网格内疑难问题被整治后，居（村）委要落实巡管责任，巩固整治成果，防止顽症问题反弹回潮。

在社会前端管理中，居（村）委承担13类管理任务，主要是“四违”（违法用地、违法建筑、违法施工、违法生产经营）、安全隐患、房屋群租、无证照经营、市容环卫、街面秩序等。

2.重视前端管理，建立居（村）委快速处置机制

一是针对全区“城中村”和农村地区社会治理顽症突出，管理力量薄弱、问题容易反弹的现象，各村应依托大联动工作站组成人员，组建村级大联动快速处置队伍。主要职能是对巡管人员报告的问题及时进行先期现场处理，如及时消除非专业的安全隐患、解决突出市容环境问

题、制止正在实施的“四违”问题等，通过加强基层前端处置力度，旨在防止问题扩大，减少后端执法成本。二是居民区网格内，居委要组织居委干部、物业、社区民警等大联动工作站成员，有效发挥居民区党组织、居委会、业委会和物业公司“四位一体”自治管理功能，对网格内巡管人员报告的问题，及时开展现场调查、法制宣传或先期劝阻等工作，督促当事人自行整改，并协助执法部门依法处置违法违规行为。

3. 加强基层队伍建设，提升治理能力

依托“班长工程”建设，加大居（村）委基层组织和干部队伍建设，提高基层综合管理能力。把优秀的干部配置到基层一线担任居（村）委党组织书记，发挥基层党组织书记在社会治理工作中的关键作用。

（四）以细化管理网格为基础，实现基层社会治理全覆盖

1. 合理划分并固化责任网格

全区为大网，13个街镇为中网，基层小网由居（村）委责任网格、街面巡管、拓展网格组成。网格划分应以城乡空间全覆盖为原则，将居民区、村宅、街面道路、公共区域、厂区、园区、校区、商务区、机关单位等事部件要素全部纳入责任网格，责任网格之间实现无缝拼接、边界清晰。全区网格统一编号管理，逐步实现“一网多用”，以做好城市管理项目为基础，逐步加载公共安全等内容，构建起解决民生诉求、加强基层建设的基础性平台。

2. 整合协管员队伍

将社区保安、市容环境协管、社区综合协管、房屋协管、就业援助等11支协管员队伍交由街镇统一管理，人员经费和管理任务交由街镇统筹。各街镇应根据地区实际对协管员进行整合，整合后协管人员统称为“城市综合管理网格巡查员”。街镇统筹网格巡查员队伍并分配至居（村）或街面责任网格开展工作，网格巡查员应按照“一岗多责”要求，

首先做好责任块内社会前端管理巡查任务，还应承担人口信息采集、协助做好社会保障、公共服务等工作。区级部门应对网格巡查队伍开展业务指导和培训，并对下沉给街镇的专项任务组织开展绩效考评。

（五）落实配套保障，确保工作推进

1.完善考核监管机制

一是建立健全居（村）委、街镇和区级三级社会治理考核指标体系，增加“大联动”和社会治理工作考核分值权重。按照逐级考核原则，激励、教育、引导居（村）委和街镇主动加强社会治理，提升基层社会治理能力，确保问题隐患在基层“管得住、控得牢”。

二是在街镇考核指标中，区相关部门对街镇社会前端管理的履职能力和工作绩效，应具有一定的考核评价权。街镇因前端管理不到位、被区职能部门直接查处的案件，应作为惩罚性目标任务，对有关街镇予以相应的考核扣分。

三是赋予街镇对辖区内条线部门派出机构一定的监督权和考核权，对区相关部门的业务指导、执法保障等工作具有评价权。

四是注重过程管理和结果导向。对发生较大以上安全事故、社会稳定事件、“四违”乱象突出的，实施一票否决制。区级考核部门已完成区大联动绩效考核实施方案，并制定加强村、居主要干部绩效考核相关指导性意见。

2.完善信息保障平台

一是明确区、街镇和居（村）委三级管理主体各自职责任务及工作流程，升级大联动三级管理平台，实现业务流程规范、工作边界清晰、信息流转规范、操作轨迹保全，街镇能随时掌握居（村）前沿动态，区职能部门能够实时观察街镇和居（村）工作状况。二是做强街镇大联动信息平台，建立以分中心为枢纽，以网格巡查员手持PDA、微信公众号为基点，融合GIS、图像监控技术和大数据分析研判系统，建立区域性

社会治理数字化信息平台，提升案件派发、指挥协调、跟踪督办、绩效评价、数据分析的智能化水平。三是逐步将城市管理、安全生产、综治维稳、公共服务、基层党建、社区自治等内容叠加进入大联动综合业务平台，形成一个涵盖关键地段、覆盖政府公共信息资源的社会治理数据库，实现信息共享和工作联动。条件成熟时，将从事违法搭建经营，违法生产、加工或销售行为，且拒不自行改正、无视行政处罚的当事人，纳入社会信用诚信体系平台。

三、城市基层综合治理大联动+模式特点

(一)顶层设计

大联动+模式一开始就做好强化顶层设计，加强对基层的指导。把相关管理职责和要求真正落到村（居）委，大联动中心和城管执法局牵好头，按照强化源头防控的理念，围绕在街镇层面整合好“块属块管块用”“区属块管块用”“区属区管区用”等不同类型执法管理资源，做好顶层设计。

(二)力量下沉

街镇积极开展整合执法和管理职能的工作探索，街面一般管理执法力量下沉。城管、土地、水务等五大执法管理力量已经下沉到街镇，随后将把工商、市场监管等力量下沉到街镇，街镇要管好用好下沉的执法管理资源，组建相对固定的联勤巡管队伍，增强管理顽症的快速发现和处置能力，努力形成行之有效的工作机制。

(三)网格到底

居（村）委网格下面要设置若干责任网格，将居民区、村宅、厂

区、校区、园区、商务区、机关单位、公共区域等全部纳入责任网格，责任网格之间实现无缝拼接、边界清晰。通过这张完整的、系统的网格将整个区域纳入到基层综合管理平台上，做到信息共享、资源共用，提高社会治理的效率。

（四）前端管理

打造三级联动平台重心要放在加强居（村）委前端管理上，充分发挥第一道防线的作用，力争将各类顽症问题预防在先期、发现在初始、解决在萌芽。

（五）职能拓展

逐步将城市管理、安全生产、综治维稳、公共服务、基层党建、社区自治等内容叠加进入大联动综合业务平台，形成一个涵盖关键地段、覆盖政府公共信息资源的社会治理数据库，实现信息共享和工作联动。

（六）留有空间

通过大联动机制改进和优化，大大拓展大联动机制社会治理的功能，提出“大联动+”的理念，为社会治理中遇到的新问题留下了充足的空间，为未来的社会管理发展的新内容搭建了平台。

第三章　城市基层综合治理模式创新的理论基础

城市基层综合治理模式的创新是符合当前公共管理学理论发展的最新趋势，尤其是整体性政府治理理论在基层综合管理中的最好诠释。以下通过整体性政府治理理论视角剖析城市基层综合治理大联动人联勤的理论支撑。

第一节　整体性治理的内涵与外延

“整体性治理”始于20世纪90年代中后期，是继新公共管理运动之后有关政府治理模式变革的新举措。1997年，英国政府倡导整体性政府组织的施政理念。随后西方国家如澳大利亚、加拿大、新西兰等先后对整体性政府组织的实践进行了有益探索。目前，“整体性组织”已成为当代西方政府组织变革的新趋向。从来源上看，整体性组织主要是针对实行严格等级制、利用权力和权威进行管理的科层组织以及新公共管理的分权化改革所导致部门主义、权力碎片化、功能碎片化等不良后果而提出来的，旨在进行层级整合、功能整合和公私合作伙伴关系的整合，使政府组织达到整体性协调，实行跨部门、跨边界的管理。

整体性治理的内涵和外延非常广泛，它既包括不同政府组织间日益增加的横向协调与合作、政府组织层级间的纵向协调与合作，也包括各政府组织公共服务供给时的协调与合作；既包括政府组织决策时的协调与合作，也包括执行时的协调与合作；同时，还可以是公私部门之间合作伙伴关系的协调与整合。

整体性治理意味着这样一种政府组织模式，即在对科层制和新公共管理模式下进行的裂解性和碎片化反思的基础上逐渐形成的，以满足公民需求为主导理念，以信息技术为手段，以协调、整合和责任为策略，实现政府组织层级、功能和公私部门的整合。

整体性治理是在反思和弥补传统科层制治理导致的部门化、碎片化和裂解性的基础上逐渐形成的一套较为完整的理论。科层治理对专业分工的过度强调，对科层制组织和权力的科学划分，导致了部门和功能的碎片化、服务的裂解性及信息的不对称等。同时，科层治理对人性的忽视、对理性效率的追逐和对行动规则化的崇拜，使政府组织等级更加森严和公民主动性、积极性遭到打击，它们之间缺乏应有的沟通、协调与合作，从而产生罗茨所提出来的低效率刚性和“科层制反功能怪圈”。整体性治理则是对科层治理所导致的功能和部门碎片化及服务裂解性等缺陷的基础上进行反思与批判而构建起来的以满足公民整体需求为主导理念，以协调、整合及逐渐紧密和相互涉入为治理策略，通过治理层级、功能和公私部门以及碎片化的责任机制的整合的一种整体性的治理框架和运行模式。

表3-1　科层治理与整体性治理模式的差异比较

	科层治理	整体性治理
历史时期	20世纪80年代以前	20世纪90年代末期以来
核心理念	合法性、合理性	整体性、预防性、包容性
理论基础	科层制理论和政治行政二分	新涂尔干主义、组织社会学和信息技术论
价值取向	效率至上、价值中立、理性等	整体回应公民需求、公正、责任、信任等
治理方式	管制、强制	协调、整合
资源运作	利用人力	运用信息技术实行在线治理

续　表

	科层治理	整体性治理
治理工具	权威主义	整体主义
政府角色	划桨者	整体性服务者
政府运作	功能性分工	整体性运作
结果评价	输入导向、过程取向	结果导向
目标追求	效率、威权、满足政府需求	政府组织整体性运作、解决个体需求问题
权力向度	自上而下	自上而下、自下而上

英国学者在对西方各国整体性组织变革的实践和经验进行理论总结的基础上，归纳出一种最佳实践的整体性政府治理模式。该政府组织模式包括四个“联合”子集，即内、外、上、下四个维度：“内”是指政府组织内部的合作，意味着一种新的结构形式，它的“联合”途径包括新的政府组织文化、价值观念、信息管理、人员培训等；“外”是指政府组织之间的合作，意味着一种跨政府组织的工作方式，它的“联合”途径包括分享领导权、共同预算、融合性结构、联合团队等；“上”是指政府组织目标的设定自上而下，以及对上的责任承担，意味着一种新的责任和激励机制，它的“联合”途径包括以结果为导向的目标分享、绩效评估、公共服务协议等；“下”是指以顾客需要为服务宗旨的公共服务供给过程，意味着一种新的公共服务供给服务方式，它的“联合”途径包括联合磋商和参与、共享顾客关注点、共享顾客界面等。

总的来看，整体性治理意味着一种全新的治理模式，即以风险社会理论为基础，在政府组织治理过程中，不断对新公共管理模式下的服务裂解性和功能碎片化进行反思与修正基础上逐渐形成的，以满足公民需求为主导治理理念，以信息技术为治理手段，以协调、整合和责任为治理策略，促使各种治理主体协调一致，实现治理层级、功能和公私部门的整合及碎片化的责任机制和信息系统的整合，充分体现包容性和整合性的整体性政府组织运作模式。与新公共管理重视经济效率和企业绩效观点及一般性治理理论所强调社会网络和协力效能理念所不同，整体性治理特别着力于政府组织体系整体运作的整合性与协调性。

第二节　基层城市综合治理模式创新体现从科层治理向整体性治理转变

在传统官僚制的政府组织结构中，政府部门多数按职能划分，组织结构一般呈“金字塔”状的等级形态，政府机构被条块分割。政府的业务流程是以政府职能为中心，一个业务流程往往涉及若干个职能部门，各部门只对自己的工作负责，部门之间各行其道，缺乏配合，无人问津整个业务流程，对整个业务流程“只见树木不见森林”，导致政府提供的公共服务在质量和效率上均出现了供需脱节的问题。当前，城市社会管理中很多问题的责任主体在块上，而执法权限在条线，“条块结合、以块为主”在具体落实过程中，缺乏明确、规范、有效的工作机制。从社会管理现状看，一方面城市化快速发展，另一方面社会管理的机构设置、力量配置还沿用原有的模式，公安、工商、城管等在内的各类行政管理力量主要是按条线垂直管理，条与条之间存在壁垒，条与块之间缺乏有效联动。为了弥补行政管理力量的不足，许多条线都在街镇基层增设了协管辅助力量，但仍分散在各条线，力量不能有效整合。虽然投入财力、人力不少，管理效果却不尽如人意。

同时，因条与条之间执法分散，缺乏联动，在对一些乱点、顽症执法时，往往因单一的行政行为，无法管理、治理到位，导致法律效果和社会效果都不尽如人意。很多管理事项边界不明，责任不清。在实际工作中，当问题涉及多个部门时，往往不能明确问题的首要责任人或最终责任承担者，存在“谁都有责任，谁都可以推卸责任”的怪圈。城市管理块与条之间缺乏有效联动，条与条之间存在壁垒是基层社会管理推进大联动机制创新的动力所在。

“大联动大联勤”的工作思路可以概括为管理力量大整合、社会服务大集中、信息采集大平台、矛盾隐患大排查、社会治安大联防、行政执法大联动。“大联动”这一机制不改变现有行政管理组织体制，不改变各部门的行政管理职责。它通过前端队伍整合、职能融合、网格划分、管理联动、信息共享、业务协同等举措，实现信息采集及时全面、指挥派发准确权威、问题处置快速高效。它科学运用社会化、市场化、专业化资源，实现城市服务、管理、执法为一体的综合管理。“大联动”新机制，旨在三个方面实现城市和社会管理效能的转变：一是社会协管力量的整合与统管；二是各类政府管理信息的采集与共享；三是政府职能部门之间行政执法的协同与联动。

从政府流程再造角度看，大联动大联勤机制创新的核心就是以实现政府组织的扁平化为载体，进一步减少政府中间的管理层级、扩大管理的幅度，打破职能边界划分，加强各部门之间的协作，为公众提供更高质量，更加便捷的服务。

从政府治理模式变革角度看，基层社会管理大联动大联勤机制创新是以突破原有的条块分割的科层体制局限，快速整合条块资源为目标的基层治理模式新探索，实现了从传统科层制治理向整体性治理模式的变革。

(一)整体性治理强调预防、公民需求和结果导向

以满足公民需求为主导理念，也就是“将个体的生活事件”列为政府治理的优先考虑项目，将“政府组织”的研究重点转移到“个体问题”的解决上。与前两种行政学典范的最大区别在于，整体性治理是以解决人民的生活问题为政府运作的核心，相对而言，前面两种典范都是以解决政府的问题为核心。同时，整体性治理还注重对问题的预防导向与结果导向。基层社会管理中的大联动机制探索正是以问题发现为导

向，实现矛盾隐患大排查。大联动机制突出强调主动发现问题，健全矛盾隐患排查机制，实现被动整治转为主动治理，将矛盾控制在萌芽状态，掌握社会管理的主动权，建立社会长效管理机制。

（二）整体性治理强调整体性整合

整合作为整体性治理的重要概念之一，是一种以公民和需求为基础的整合。主要表现为：其一，在组织架构与形态上的整合包含治理层级的整合、治理功能的整合和公私部门的整合三个方面。其中治理层级的整合是指不同层级或同一层级的整合；治理功能的整合是指同一部门内的不同功能和不同功能机构之间的整合；公私部门的整合则是指公共部门、私营部门和非营利性机构之间的合作。同时，需要突出包括政策、规章、服务与监督在内四个层面的治理行为，以达成上述三方面的整合。在政策层面包括从政策制定、政策内容到政策评估和检测；在规章层面包括个体、公私部门规章的内容、组织架构与冲击；在服务层面包括服务的内容、安排与影响；在监督层面包括对以上三者之评估与解释。其二，逆部门化和碎片化，实行大部门式治理。以公民和功能为基础，将一些功能相近或相同的机构、部门和组织进行重新整合。其三，对采购过程进行整合，重新政府化。这是对新公共管理碎片化改革所产生的重复多头的等级结构的回应，以有效矫正新公共管理导致的分散的竞争的无政府主义倾向。

“大联动大联勤”机制创新顺应了整体性治理的内在要求，整合了三个方面的资源。一是对各类协管力量进行整合，对行政执法力量在街镇以及区级层面进行工作常态化联动；二是对现有的巡防警务网、治安防控网、城管执法网、市政服务网、图像监控网等实行多网合一，实现以“块（街镇）”为单位的网格管理；三是创新机制，实行组织再造，区级层面建立了区城市综合管理和应急联动中心，在各街镇建立了分中心，在居（村）委层面设立了大联动大联勤工作站，形成了三级网络，并积极发挥区“大联动”中心统一指挥、协调、监督的功能，整合各职能部门的信息资源、执法力量，建立了常态化行政执法联动机制。

（三）整体性治理强调信息技术的整合、网络简化和一站式服务

邓利维认为，数字时代治理的核心在于强调服务的重新整合，整体的、协同的决策方式以及电子行政运作广泛的数字化。从而，整体性治理理论将信息技术和网络技术作为治理手段，将不同的信息技术进行整合，建立一套单一的中央数据库，简化基础性网络程序和步骤，实行“在线治理”模式及政府行政业务和流程彻底透明化、整合化的无缝隙服务。

上海基层城市综合管理大联动大联勤机制的创新，以满足公民需求为主导理念，以信息技术为手段，以协调、整合和责任为策略，实现了城市综合管理中各种力量联动和整合，体现了整理性治理的内在要求。在今后的城市管理中加大对整体性治理理论研究，将该理论运用到城市社会管理具体实践中，进一步完善城市综合管理大联动机制，提高城市社会管理科学化水平。基层社会管理大联动机制整合了各类城市管理监控设施，按照信息共享、资源共享、集约化建设的要求，根据职能部门的需求，区层面统一设置并以租赁方式，按照权限，运用图像监控资源。同时，细化以街镇为单位的网格化管理，在多网合一的基础上，注重同网同责。在空间上，道路街面和居民小区连成一片，实现纵向到底、横向到边的城市管理责任网格，努力实现管理的全覆盖、无缝隙。最终形成“一套管理机制、一个指挥系统、一张防范网络、一个服务平台、一支应急力量”的城市综合管理工作新模式。

第四章　上海城市基层综合治理模式创新的个案分析

十多年来，上海城市基层综合治理模式无论如何变迁和完善，但基本上是以城市网格化管理为基础，结合各区的特点，形成各具特色的综合管理大联动大联勤的机制。近年来，通过实地调研，笔者梳理和分析了上海部分区及乡镇综合管理大联动大联勤机制建设的成效、存在的问题及下一步改进的举措。

第一节　闵行区城市综合管理大联动机制建设情况

闵行区大联动机制探索比较早，建立闵行区城市综合管理和应急联动中心，实现了市民服务热线、网格办、应急办的统一运行，各街镇也建立了分联动中心。经过近6年的运行取得明显成效，但也存在一些问题。

一、闵行区城市综合管理大联动机制提出的社会背景

（一）社会管理任务日益繁重

闵行区位于上海市“腹地”，是中心城区的西南门户，地处城乡结

合部，历来为上海交通要地。随着闵行区经济社会的快速发展和城市化进程的深入推进，社会的开放性、流动性大大增强，人口结构出现深刻变化，中心城区人口大量导入，大批的本地农村人口转化为城市人口，外省市来沪人员数量迅速增加。据2012年6月统计，全区流动人口已超过120万，与98万的户籍人口相比形成人口倒挂，人口数量的增加和人口结构的变化，使闵行区内部分区域"城中村"、违法搭建和群租现象突出，小发廊、小饭店、小网吧、小浴室、小棋牌室、小游戏机房等无证"六小"场所蔓延，乱设摊、无证照经营现象难以遏制，给社会稳定和社会管理带来了巨大的挑战。闵行区与徐汇、长宁、青浦、松江、奉贤、南汇、浦东新区等八个区接壤，"十一五""十二五"期间，闵行区经济发展和城乡一体化建设取得了显著的成效，开工建设了多项市级重大工程。由城市建设重大工程拆迁、农村征地、劳资纠纷等引发的群体性矛盾大幅上升，市民对市容环境改善的诉求日趋强烈，群访、集访等非正常上访数量一直居高不下。据统计，从2002年到2015年，闵行区"110"接处警总量年平均以30%以上幅度增长。全区"八类"等恶性案件和"两抢"等严重影响群众安全感的侵财类案件高发；"黄赌毒"等治安问题屡禁不止；非法行医致死事件时有发生；火灾事故死亡人数和物损数列全市前位。面对这一状况，传统应急性、被动式的社会管理方式亟待改变。

(二)现行社会管理体制机制相对滞后

当前社会管理体制问题集中表现为权限条块分割、各自为政、政出多门。条线垂直管理和街镇属地管理之间缺乏联动，全区虽然有二十多支固定协管队伍，总数近3万人，但是互相之间信息屏蔽，各自为政，未形成长效、整体合力，客观上造成城市综合管理的低效。行政执法部门缺乏互相联动机制，受部门执法管理体制影响，不少部门职能交叉、权责不清。同时，每个部门都深感管理力量紧缺，要求增加人员，致使政府管理成本不断增加，而城市综合管理绩效却无明显提升。虽然全区各种社会管理力量总数不少，但由于各队伍之间缺乏有效整合，未形成资源最优化组合和最大化利用的格局。

为有效解决城市和社会管理中的问题，2009年下半年，闵行区委区政府在课题调研和专家论证基础上，立足本区实际，推行了“管理力量大整合、社会服务大集中、信息采集大平台、矛盾隐患大排查、社会治安大联防、行政执法大联勤”的城市综合管理和应急联动机制，力求通过机制创新，进一步加强社会管理，维护社会稳定，促进社会和谐。

二、闵行区城市综合管理大联动机制的基本做法

依照“条块结合，以块为主，统一协调，分级包块，责任明晰”的原则，建立了区层面联动中心，街镇层面13个联动中心和社区层面520个居（村）委“大联动”工作站三级大联动组织架构。由各级党政主要领导担任第一负责人，参与部门领导具体抓落实，确保“大联动”工作权威性和常态化。

“大联动”机制整合了三个方面的资源。一是对各类协管力量进行整合、对行政执法力量在街镇以及区级层面进行工作常态化联动；二是对现有的巡防警务网、治安防控网、城管执法网、市政服务网、图像监控网等实行多网合一，实现以“块（街镇）”为单位的网格管理；三是整合了各类城市管理监控设施，按照信息共享、资源共享、集约化建设的要求，根据职能部门的需求，区层面统一设置并以租赁方式，按照权限，运用图像监控资源。为顺利推进整合工作，闵行区积极创新机制，实行组织再造，区级层面建立了闵行区城市综合管理和应急联动中心，在各街镇建立了分中心，在居（村）委层面设立了大联动工作站，形成了三级网络，并积极发挥区“大联动”中心统一指挥、协调、监督的功能，整合各职能部门的信息资源、执法力量，建立了常态化行政执法联

动机制。

（一）重心下移，形成无缝衔接网格

以行政区划分为单位，将全区大网划分成13张街镇中网，“中网”划分为由社区巡管网格和街面巡管网格组成的520个“小网”，不同“小网”视情况下设若干巡区或责任块，层层递进建立起一张“横向到边、竖向到底”的管理网络。

（二）配置管理力量

在社区，整合就业援助、社区助残、房屋协管、社区保安、小区物业、楼组长等队伍，形成社区网格巡管队，开展违法违规基础信息采集、隐患排查和信息上报等工作。在街面，整合派出所、城管、城管协管、治安辅警、网格监督员等队伍，形成街面网格巡管队，开展城市公共设施管理、市容环境管理和治安巡逻等工作。

（三）强化常规管理

社区网格内，由社区民警组织社区“大联动”工作站成员共同参与每月防范宣传、警民相约、警情通报等活动。白天，组织人口综合协管员、平安志愿者等开展信息采集和巡检及“两个实有”全覆盖管理工作；夜间，指导物业保安力量定线定时巡逻。街面网格内，实行巡逻民警、辅警和城管队员联勤巡逻，街面见警率显著增强，城市管理顽疾“三乱一跨”得到有效治理。实现了街面和社区管理空间的无缝衔接，白天和夜晚管理的无缝衔接，市容城管和治安防控管理的无缝衔接。

（四）技术支撑，信息共享

依托区政务网，整合现有的巡防警务系统、安全生产系统、城管系统、危化物品管理系统等城市管理数字化资源，建立区城市综合管理和

应急联动平台，及时采集和处理相关城市管理事件，形成信息采集、流转、处置、反馈的运作流程，实现了区、街镇、社区三级网络的有效串联，联动部门之间的信息共享、接口有序和工作联动。整合受理平台，开通“962000”民生热线，24小时一门式受理群众对城市管理存在问题的投诉建议，统一协调相关职能部门在规定时间内处置，有效压缩公安非警务“110”的呼入量做到优势互补、各负其责。以信息化平台建设为支撑，将区、街镇、居（村）委“大联动”三级网络有效串联起来，对城市管理中出现的问题，按照应急管理“早发现、早报告、早研判、早处置、早解决”的“五早”原则进行先期处置，避免苗头性、倾向性问题演变成管理的“顽症”。同时，在信息系统平台上，城市管理中的问题发现、问题处置、结果反馈和办结效率都可一目了然，便于评估、便于考核、便于监督，更好推动工作落实。

（五）注重实效、建立健全考核机制

为确保大联动机制真正发挥实效，自2010年起，区委区政府将各单位大联动工作绩效纳入目标管理考核，作为年终考评和领导干部任免的重要参考依据之一，先后建立了红灯警示、个案督办、绩效排名、媒体监督、社会评价、考核考评等多项制度。2012年初，区委区政府决定分步骤向社会公开大联动政务信息，通过社会监督促进大联动工作进一步完善深化。

大联动机制凸显了五大主要职能：一是大采集，即通过网格责任制，发动体制内外人员在社会各个角落发现采集社会管理、社会治安、社会稳定等各方面信息；二是大受理，即统一受理本区城市和社会管理中服务类、管理类和执法类案件、事件信息；三是大派发，即按照事项分类，集中派发城市和社会管理各类案件、事件信息至相关职能部门或街镇大联动分中心进行处置；四是大协调，即统筹全区街面和社区网格化工作，使发现、处置、联动执法等得以在基层真正实现；五是大应

急，即通过城市综合管理，做好应急的前端准备工作，随即启动预案。

三、闵行区城市综合管理大联动机制的特色及主要成效

（一）大联动机制的特色

（1）充分发挥民间资源监督作用。健全党代表、人大代表、政协委员、媒体监督制度，及时向市民公开事件流转情况、上下系统处置情况，便于群众监督行政权力的运行。

（2）充分发挥上级领导作用。对于职能交叉、部门推诿的事项，可以专报形式由区领导裁决。

（3）坚持大发现、大联勤、大应急的机制。实现市民服务热线、城市管理网格、城市应急管理大统一，实现了源头治理、过程管理、应急处置的社会管理新机制。

（4）借助体制内的考核平台，完善考核制度。加强与效能监察部门合作，通过平台考核相关职能部门。

（5）夯实基层基础工作，深化和完善大联动工作内涵。为老百姓解决问题提供了一个渠道，实行了一门式的受理。通过信息收集与排查，提高了城市管理的有效性和针对性。

（二）主要成效

（1）从消极应对到积极参与，思想认识更加统一。大联动机制建设初期，少数单位和部门或多或少地存在一些片面认识，全区只有22个区级职能部门进入大联动工作体系。随着大联动机制的不断深化完善，工作成果不断显现，不少职能部门开始转变思想观念，人人为我、我为人人的工作理念明显增强，由“要我做”转为“我要做”，将管理事项和服务内容融入大联动平台。

（2）从各自为政到职能融合，管理力量不断增强。过去条线的垂直管理和街镇的属地管理总是难以融合，条上是“有权管，但看不见”，块上是“看得见、摸得着，却无权管”；条线之间也往往互相分散，各自为政。大联动机制建立起城市管理资源最优化组合和最大化利用的新格局，在打破政府职能部门各人自扫门前雪、单纯扩大辅助队伍传统做法的基础上，实现政府部门行政资源和人力资源的整合。

（3）从被动应急到主动处置，工作效率逐步提高。大联动机制推动了社会管理工作的重心由条线转向街镇，实现了管理流程从“处置问题”向“发现问题”延伸，管理方法从“事后执法”向“前端管理”的跨越，推动了行政管理从静态、粗放管理模式向动态、精细管理模式转变，从源头上堵塞了城市管理的漏洞、弥补管理过程中的薄弱环节，有效减少了影响社会治安和公共安全的源头问题，避免了政府忙于被动“应急”的局面。

（4）从突击检查到常态管理，管理水平切实提升。依托政务网搭建的区城市综合管理和应急联动平台，有效整合各职能部门内部资源，以信息化手段建立起常态化的行政管理与执法联动机制，形成了全覆盖的责任网络，提高了信息资源的利用率，增强了城市日常综合管理和应急反应能力。通过信息系统运用，确保常态运作，随时随地为社会和公众提供方便快捷、优质高效的服务，让群众直接感受社会管理创新的成果。

（5）大联动机制承接了大量非警务的事项，承担了公安部门的部分职能。这大大减轻了公安部门的压力，便于公安更好做好本职工作，加强社会治安面上的防控。同时，城市综合管理支撑了应急管理，减少了应急管理的压力，从源头上发现问题，及时主动介入，减少不稳定因素，使应急管理转向了常态管理。

总之，大联动机制既解决了社会管理工作职能交叉、法律空白、边界模糊的棘手问题，又能做到隐患及时排查，实现物资共享、信息共享，有利于快速反应功能的发挥。

四、闵行区城市综合管理大联动机制存在的主要问题

大联动机制主要存在以下几方面问题。

（一）信息采集问题

一是信息采集质量不高。一些工作站选择性上报简单处理的信息，尤其是农村、城中村地区安全隐患比较多的区域，没有全面深入排查。二是信息采集不平衡现象依旧明显。客观看，部分街镇城市和社会管理问题确实较少，但个别街镇信息采集少，则是基础工作不扎实，因为有的地区老百姓通过新闻媒体、“962000”电话等途径投诉反映的问题较多。因此，信息采集尤其是安全隐患类信息采集工作，仍不能有丝毫的麻痹和松懈。三是信息的采集存在体制上和人员上的障碍。

（二）队伍能力问题

随着大联动机制深化和内涵的拓展，新的工作内容和工作要求不断叠加进来，区和街道两级联动中心现有人员的业务能力，已逐渐不适应城市综合管理专业化的要求。一是区和街道两级联动中心人手紧缺，难以吸引优秀人才，队伍结构缺乏流动性，尤其缺乏一批有理论基础、有专业技能、懂队伍管理、能指挥协调的中坚骨干力量，工作人员的案件受理能力、指挥派发能力、协调督办能力等工作能力和应用信息化手段的能力亟待提高。二是缺少专职协调督查队伍，两级联动中心无法对大量的疑难案件开展常态化的组织协调和督查督办，无法对大联动平台数据进行系统的分析研判，造成辅助决策的能力比较薄弱。三是体制编制问题。应急联动中心当时是正处级的事业单位，专职的工作人员多为其他部门抽调过来的，原定是工作三年，满三年后，要么留在应急联动中

心，转事业编制，要么就回原单位，双重编制情况造成人员结构不稳定，工作积极性受影响。借调过来的工作人员晋升考核也存在空白，应急联动中心没有管理权限。同时，街镇分联动中心面临人员不够、多为临时工、待遇过低、同工不同酬以及编制等诸多方面问题。这些问题的存在影响了工作人员的积极性。

（三）应急管理体系需进一步完善

近年，随着大联动应急体系的建立和完善，应急值守制度和应急队伍基本建立并不断完善。但实际处置中，还存在部分应急队伍8小时外响应慢甚至不到位的现象，影响了突发事件的高效处置，根源主要是个别单位对应急工作不够重视，平时管理和执行应急制度规定不到位。

（四）应急处置协同配合不够

在突发事件处置过程中，某些单位尚存在大局意识不强、叫不应和推诿等问题，特别是对职能交界和需多部门协同处置的事件，能推则推。这暴露出某些单位主动服务意识不强，工作积极主动性不够和多一事不如少一事的观念，从而导致互相之间协同配合不够默契，一定程度上影响了突发事件的处置。

（五）应急值守工作不够规范

在日常工作和督查过程中发现，许多单位值班室应急值守工作存在诸多问题，如值班员脱岗、值班设备故障、值班规章制度不健全、处置流程不清楚等，影响了信息的及时报送和处置工作的快速开展。

（六）处置效能问题突出

处置问题难度更大，其中，占道无证经营、乱停车、噪音扰民、物业管理、群租等案件重复投诉率居高不下。“条块结合、以块为主”的运行机制在实际工作中还存在磨合难、协调难、联动难等问题，源头治理、疏堵结合的系统性解决问题的有效措施还不多，与群众的期待和要求还有一定的距离。

（七）对大联动机制认识上不够统一

大联动凭什么来指挥，大家还是停留在服从他人指挥层面，而不是从自身职能出发，做好自己的本职工作。

（八）大联动机制缺乏相应法律法规保障

大联动中心的定位缺乏法律的依据，法律地位不明确，导致权力边界不明确。同时，很多联动事务还是靠面子推动，缺乏制度上的支撑和制约，受人为因素影响大。

五、闵行区城市综合管理大联动机制尚需完善的举措

通过实践，闵行区大联动机制仍需继续完善。

（一）强化排查发现机制，提升社区服务功能

一是从运行机制、信息采集、业务培训、督查督办、绩效测评等方面，抓实抓牢社区巡管和街面联勤等基层基础工作，尤其是在农村地区和城中村地区，重点完善安全隐患信息发现机制，深入持续开展安全隐患专项整治活动。二是在区社建办的指导下，发挥大联动信息平台的整合功能，联手各街镇分中心，全面推进“两站合一”建设工作，不断提升和完善大联动的服务功能。三是继续推行网格化全覆盖工作，2013年计划在颛桥镇辖区20余平方千米和七宝九星地区全面实现网格化全面覆盖管理，使全区网格化覆盖面积由165平方千米增加至190平方千米。

（二）试点探索视频巡逻，提高街面联勤巡管效能

联合公安分局、城管大队等职能部门，通过科技手段的提升，试点探索动态视频巡逻和点对点呼叫指挥模式，提高联勤巡管工作针对性和有效性，定期组织各街镇交流分享开展联勤巡管工作的经验，相互取长补短、共同分析研判，探究疏堵结合的工作对策。

（三）加强信息分析研判，定期召开处置工作例会

建立完善信息分析研判工作机制，区联动中心将定期分析受理包括“12345”热线在内的各类案件的数据总量，区域分布、结案情况、超时红灯案件、典型案例等情况，每周编发《大联动信息周报》，每月编发《大联动工作情况月报》，定期报区委区政府领导参阅。根据信息受理和案件处置的情况分析，定期召开案件处置工作协调会，在案件的现场分析解决疑难问题，确定协调牵头部门或主办单位，提高处置效率。

（四）充分发挥区和街镇两级联动中心指挥协调作用

通过机制完善和信息化手段，不断完善部门合作、条块联手的工作机制。充分发挥大联动合成作战的优势，加大对消防安全、黑车运营等问题的管理力度，抓早抓小。利用大联动信息平台，在部分职能部门与街镇之间，全面试点推行网上申请联动执法工作机制，规范“条块结合、以块为主”联动执法业务流程。

（五）建立区领导专题协调工作机制

针对涉及多部门的疑难案件，由区政府相关分管领导不定期召开专题会议，进行现场协调和工作指导。

（六）建立监督考评联动机制，综合运用大联动绩效排名结果

一是区联动中心将主动加强与区考核办、效能办、监察局、文明办、督察室等职能部门的沟通，尽快建立完善大联动监督考评联动机制。二是区综合管理部门充分运用大联动绩效测评结果，将各单位、各部门在大联动平台上的绩效排名情况，作为先进评比、文明创建、效能考评的重要参考依据，激励先进、鞭策后进，促使各单位、各部门切实提高执政为民的管理能力和服务水平。三是充分发挥大联动特约监督员的作用，继续做好“两代表一委员”和面向社会的大联动信息公开工作。根据市“12345”市民服务热线的总体要求，适时将本区受理“12345”市民服务电话，按照“962000”民生热线公开的方式，面向社会公开来电办理情况，来电人可以查询案件办理状态，对办理结果进行满意度评价。

（七）加强应急管理工作，积极预防和妥善处置突发事件

完善机制提高应急响应能力。严格落实《关于进一步加强应急值守和信息报送工作的实施意见》，以此为抓手，进一步完善各级应急管理机制，规范应急值守和应急队伍管理工作，做到应急体系健全、信息报送准确、应急响应迅速、事件处置到位。

（八）发挥技术引领作用，拓展信息系统平台功能

做好项目建设工作，充分发挥信息技术的保障和支撑作用，完善应急值守信息系统，做到值守监控——专报流程化规范化——发送便捷化。

第二节　松江区城市综合管理大联动机制建设情况

2011年，松江区区委区政府认真贯彻落实市委市政府关于社会管理创新的重要指示精神，在学习借鉴兄弟单位实践经验的基础上，结合本区实际，深入开展了城市综合管理大联动工作，形成了“以试点镇为工作基础，以大联动平台为工作依托，以常态化的联勤联管与集中性的联合执法相结合”的破解城市管理难题的工作模式，取得了一定的成效。

一、松江区城市综合管理大联动机制产生的动因分析

松江区城市综合管理大联动机制是特定历史背景下的产物，由于城市化快速推进，外来人口大量涌入，给松江区各级政府社会管理带来前所未有的挑战，为了适应新形势而进行的一种探索和创新。松江区大联动机制的产生背后有其深层的原因，具体如下：

(一)社会问题复杂化

此前，社会问题主要体现在以下几方面：

一是公共安全方面问题突出。其中，“110”报警率居高不下，如九亭镇、车墩镇常居前两名，盗窃、抢劫等刑事案件多发；重大安全隐患问题严重，安全设施不到位，如郊区一些企业将厂房、工业用房改建为出租房，存在很大安全隐患；无证加工食品现象不容忽视，且熟食、馒头、面条、面包等的生产环境差，对人的健康有很大危害，公共卫生隐患多。

二是市容环境方面问题凸显。第一，无证经营、占道经营、跨门经营等问题严重，甚至将书报亭也改为餐点，造成交通堵塞，人行不便，

影响市容。另外，违法经营者使用对讲机相互串联，增加了管理人员的整治难度。第二，环境卫生存在顽症，乱拉横幅，垃圾乱放现象普遍，且都发生在夜间，很难控制，整治成本大。第三，违法搭建时有发生，违法搭建的建筑因为收费低容易出租，且外来人口多，住房需求强烈，因此违法搭建现象时有出现，这给市容环境造成很坏的影响。

三是社会管理秩序混乱。第一，道路拥堵严重。由于车墩镇无高速路出口，车辆得不到及时疏散，而且车墩镇为出口加工、物流业基地，公路上大集卡每小时的流量达到3700多车辆次，因此道路拥堵严重，晚高峰更加拥堵。第二，非法营运。“黑出租”“黑三轮”“黑二轮”“黑货车”非法营运且乱停车现象严重。第三，非法诊所、非法办学现象普遍存在。非法诊所一般看小毛病和做B超违法鉴定胎儿性别。车墩镇无证学校控制较好，仅有少数几所，但九亭镇由于外来人口众多，非法办学情况问题较严重。

四是社会稳定问题突出。第一，土地征用、拆迁拆违引起上访问题突出。第二，外来人口管理困难。外来人口人数较多、学历偏低且有很强的抱团义气意识，容易聚众闹事。

以上这些问题仅靠传统管理模式难以有效解决，这就需要政府和社会创新管理方式。

(二)民众需求多元化

原有公共产品的提供是以户籍人口为配置依据，由于外来人口大规模涌入，原有公共产品供给模式难以满足现有居住人口的需要，外来人口不断增长的需求难以解决，这些社会管理问题的出现影响了城市居民的利益，居民对政府社会管理顽症不满意，对政府管理提出更高要求。如车墩镇原有的规划布局与当今的社会发展不相适应，受历史条件制约，规划不合理影响了车墩镇的发展。

（三）管理体制碎片化

当前社会管理的体制问题主要是管理体制的碎片化，集中表现为权限条块分割、各自为政、政出多门。条线垂直管理和街镇属地管理之间缺乏联动。相互之间信息缺乏沟通，产生人为的信息屏障，各自为政，未形成长效、整体合力，客观上造成城市综合管理的低效，难以满足当前社会管理的需要，对当前传统社会管理模式提出新的要求和挑战。正是由于以上社会管理体制弊端的存在，出现很多权力边界不清、职能交叉、无人管理的空白地带，形成治理不到位的盲区。

（四）基层资源匮乏化

目前，区级实行以块为主的管理理念，将垂直管理的任务下放到基层政府，造成镇过多承担社会管理和行政责任，不堪重负。譬如，非法办学问题本应由教育部门处理，现在交由基层政府解决，存在明显的权责分离，责任下来了，权力并没有下来。同时，基层执法资源匮乏。近年来郊区经济社会快速发展，人口大量涌入，但行政执法力量配备较为薄弱，影响了大联动的效果。如截至2011年底，松江区区工商部门人均监管数达到405户，而徐汇、静安两区分别为232户和100户；在食品监管领域，松江区人均监管户数为44，是徐汇区的4倍，静安区的7倍；全市城管平均配备数为每万人6人，而松江区则每万人不到2人。同样的情况，在交通执法、房管、卫监等很多部门都不同程度存在。人员力量不足致使综合管理联动中只能注重短期的突击，常态管理成效不明显。而基层管理人员不足、素质偏低、装备缺少、任务繁重，致使基层管理力量薄弱与基层管理任务不相适应。

（五）管理手段单一化

社会管理方式方面两个问题非常突出：一是重政府，轻社会。重视政府的作用，忽视基层自治组织和民众的作用，导致政府往往在社会管理中演独角戏；二是重专项轻常态，重突击轻管理。更多精力是放在事后的处置上，成本和代价很高，源头上治理不够充分，往往出现“整治——回潮——再整治——再回潮”不断反复的怪圈，原有的管理方式跟不上时代发展需要，影响城市管理的长效治理。

二、松江区城市综合管理大联动机制建设情况

（一）松江区大城市综合管理大联动机制建设进程回顾

松江区区委区政府按照“自下而上、系统推进、逐步到位”的原则，循序渐进推动大联动建设。2011年5月17日、2012年3月31日和5月31日，九亭、车墩、新桥镇城市综合管理大联动试点工作相继启动，松江区大联动试点工作逐步展开。

为加强对区大联动工作的组织领导，区委区政府于2011年6月成立了大联动试点工作领导小组，作为区级层面领导协调机构，负责研究、协调解决九亭大联动试点工作中的重大问题。2012年初，区委区政府进一步加强和充实了区大联动组织领导体系，由区委常委、分管副区长任领导小组组长，区委政法委书记和两位副区长任副组长，全力推进大联动试点工作。一是领导小组办公室暨指挥中心实现实体化运作。从各成员单位抽调专人开展工作。区大联动办公室按照“指挥、参谋、协调、服务”的职能定位，切实加强了对各试点镇和联动部门的指挥和指导工作，确保了大联动工作的顺利开展。二是制定了对各成员单位的考核监督办法。将大联动工作纳入对区各职能部门的最主要绩效考核项目，有

效调动了各成员单位开展大联动工作的积极性。三是完善了大联动标准化工作手册。对城市综合管理事件进行全面梳理，形成标准化工作手册，涵盖了治安消防、道路交通、市容环境等六大类134项城市管理事项。在经过职能部门确认、法制办认定的基础上，形成事件名称、事件说明、处置部门、联动部门、管理依据、处置流程、处置要点、处置时限等八大类内容，作为大联动体系标准。四是加强了信息化保障支撑。牵头开发建设了大联动综合信息平台，形成了覆盖区、镇、居（村）委工作站的三级信息上报传递网络；启动了三个试点镇的城市图像监控系统建设，九亭地区的1200个探头已建成并投入使用；稳步开展了大联动通讯系统建设。五是加强对试点镇和成员单位日常运行管理。通过大联动信息平台，围绕信息发现、上报、派发、处置、反馈等各个环节，加强日常督促检查，确保各类城市管理问题能够发现在萌芽状态，处置在初始阶段。六是开展了大联动专项和系列行动。注重大联动和小联动的有机配合，在街镇开展事件前期处置和短平快小联动综合整治的同时，对一些面广量大、积重难返，靠常规工作难以奏效的城市顽症痼疾，由区大联动办公室牵头，整合全区的行政资源，采取集中整治的方式打歼灭战，并建立后续常态化的综合执法机制，发现一家处置一家，力争从根本上解决问题，有效破解了各类城市管理的疑难杂症。

（二）松江区大联动机制建设的主要内容

松江区的大联动工作以“整合资源抓源头、综合治理保稳定、化解隐患促和谐”为最终目标，以“指挥统一高效、部门联动配合、资源充分整合、力量全面下沉、信息广泛共享、监督考核并重”为工作思路，建立了一套“以试点镇为工作基础，以大联动平台为工作依托，以常态化的联勤联管与集中性的联合执法相结合”的破解城市管理难题的工作模式。松江区大联动机制具体包括组织协调、网格管理、指挥联动、信息处置、日常巡管、执法整治等六大机制。

1. 组织协调机制

以区、镇大联动办公室工作例会、执法研讨会、专项行动座谈会等形式定期或不定期地召集各相关单位和人员通报大联动工作情况，分析、研究存在的突出问题，沟通协商处置办法，为大联动试点工作的推进和完善提供了良好的会商、协调平台。

2. 网格管理机制

以网格化管理为手段，在各试点镇建立了大网、中网、小网、责任区、工作站的网格责任体系，将派出所、交警中队、城管中心、工商所执法管理人员、协管力量和村居委会的工作人员，经整合后分层次地全部纳入网格，并明确与责任区域相对应的责任人和工作职责，各单位和各大联动参与人员的责任意识明显增强，在责任区域内自主开展工作、责任区域间协作联动的局面正在形成。

3. 指挥联动机制

以镇大联动指挥中心为龙头，通过加强指挥中心软硬件建设并与派出所指挥中心合署办公，充分发挥了指挥中心在处置指挥、联动协调、监督检查等方面的优势。一是以政务网800兆电台为抓手，通过广播点名、现场指挥、处置跟踪等方式进一步提高指挥中心的权威性和工作的有效性。二是以街面图像监控为平台，主动发现城市管理和社会治安问题，并结合电台的指挥调度，进一步提高了指挥中心工作的及时性和有效性。

4. 信息处置机制

建立健全城市管理基础信息发现采集、指挥分发、处置执行、确认巩固等环节的规范和制度。以城市综合管理基础信息处置机制为重点，不断加大了对城市综合管理基础信息采集、分发、处置和确认各个环节的监督力度，并开通举报投诉热线，发动群众力量积极开展处置工作。

5. 日常巡管机制

由责任区内的公安、城管、工商等部门在辖区内开展静态勤务和动态勤务相结合的联合巡查巡管，责任区的执法力度和密度得到了加大，执法手段得到了强化，执法时间得到了延长。对城市管理违法违规现象露头就疏、露头就治，力争把问题消灭在萌芽状态，辖区重要路段周边的城市管理违法违规矛盾有所缓解。

6.执法整治机制

充分发挥大联动指挥中心的组织协调作用，建立了联动执法整治的申报、会商、审批、部署、点评等较为完整的工作机制，提供了区、镇两级双向发起联动执法整治的工作平台，建立了类似“大联动一号”集中行动的以联合执法常态化的整治机制。在大联动集中整治的同时，形成责任区层面“小联动、小整治”的工作模式。

（三）大联动机制建设试点地区具体做法

1.车墩镇

车墩镇拥有超过24万人口，其中本地人口只有3万人。车墩镇拥有近一千家企业，人口以产业工人居多。但是，房地产业发展缓慢，处于刚刚起步的状态，住房比较紧张。当地领导认识到，面对人口急剧增长，建立社会综合治理大联动模式很有必要。当地政府采取了以下几种措施并取得了良好的效果：第一，镇政府抽调人员组成三级组织构架：镇大联动领导小组、镇大联动办公室、村居大联动工作站。第二，成立三级组织队伍：大联动执法队、沿街巡管队、村级综合协管员。第三，坚持依法行政：事先确认、力量评估、制定法案、上报审批、组织实施。第四，明确执法分工，不打乱仗，确保安全执法，不留安全隐患。第五，关键在于整治各种突出热点、重点、难点等社会问题，如黑出租、无证无照经营、违规搭建等。

2013年车墩镇取得的成效主要在于共开展综合执法40多次，动用各职能部门力量1320人次，教育整改128次，取缔各类违法违规行为319起，查处违章建筑4190平方米。特别是在查处“黑车”非法营运行为中，共处罚“黑车”24辆、克隆出租车3辆，罚款20.7万元，拘留无证驾驶一人，战绩名列全市前茅，车墩地区街面“黑车”数量明显减少。短时期内一些突出问题得到了很好的解决，市容市貌有了很大的改善，报警率以及犯罪率大大下降。

2. 九亭镇

九亭镇作为典型的城乡结合部，2011年，拥有近32万人口，本地人口只有6万人，其中打工人口不多，自由职业者和小生意经营者居多。两个工业区都是以中小规模企业为主，这给社会治理带来了巨大难题。面对这种情况，九亭镇在综合管理大联动工作中采取的做法主要是以下几个方面：第一，将九亭镇划分为四大责任区，分区治理，责任到人；第二，成立大联动中心，发现问题集中处理，及时处理；第三，组建了800多人的协管队伍，每天连续巡管，先期告知，及时整改，随时跟踪，充分做到人员及时到位，安全执法；第四，增加街道摄像探头，完善街面图像监控系统；第五，充分发挥街道居委会的作用，利用居委会掌握第一手信息资料。

九亭镇的以上措施取得了良好的效果，一些以前难以解决的热点难点问题得到了很好的改善，比如小作坊无证生产、群租群居现象以及“黑车”出租等问题都大大减少，并在2011年度公众安全感满意度评比中综合得分80.16分，这是近年来首次实现达标的良好成绩。

3. 新桥镇

新桥镇人口相对较少，全镇人口共18万人，常住人口3万人，相对于其他两个人口较多的乡镇，情况较好，但存在问题依然较多，比如群租问题、违章搭建、乱设摊点等。面对这些问题，新桥镇的主要做法有以下几点：①将本镇十三个居委会整合为八大社区，并划分出四大片区，分区管理；②成立三大队伍：大联动综合执法队、四大片区巡逻队、大联动工作站；③每天连续巡逻，晚间与双休日轮班交替，充分做到无缝隙连续监管；④成立十四个基层工作站，确保信息及时报告，行动及时迅速。新桥镇采取司法、公安、安检、食药监等八大部门联合行动取得的效果还是非常明显的，辖区内群租现象、违章搭建、乱设摊点、“黑车”出租、网吧等得到了有效治理，社区秩序以及生活环境得到了进一步提升，尤其综合执法队行动及时迅速，一些扰乱公共秩序、影响居民生活的现象得到有效遏制，受到辖区居民的一致好评。

总结九亭、车墩、新桥三个镇在大联动试点工作中的做法主要有以下几点：

一是建立了权威统一的组织指挥平台和实体化运作的指挥中心，统一指挥各执法联动单位及相关联动部门。

二是制定了科学高效的勤务运作机制。在落实网络化管理责任的基础上，以大联动指挥中心为龙头和枢纽，建立发现采集、教育查处、执法管理、联动整治、常态巩固一体化的城市综合管理工作机制。

三是建立了集约有力的执法管理力量。在街面，整合公安、城管、工商等主要联动单位的执法力量和协管力量，混合编组，将大联动责任区与社区警务责任区叠加，责任区警长兼任大联动巡管组组长，开展机动巡逻和执法整治；由居委干部和整合后的协管员组成社区联动力量，在社区开展城市管理基本信息的采集、隐患排查、矛盾调查处理等工作，全面负责社区内的城市综合管理事务。

四是建立了具体明确的监督考核机制。加强对联动单位和社区工作站的考核，切实提高了工作效率。与此同时，区各职能部门充分发挥执法主体作用，依法行政、分类管理、主动指导，加强保障，与相关试点镇密切配合，形成了城市管理的工作合力，建立了街镇综合执法与条线专业执法相结合的执法联动新机制，为大联动试点工作的深入开展发挥了重要作用。经过探索和创新，目前本区大联动工作已建立了组织协调、网格管理、指挥联动、信息处置、日常巡管、执法整治等六大工作机制，工作机制日趋完善。三个镇取得的成效明显，即社会秩序和地区形象有了很大改善，治安环境得到很大改观。短期成效非常明显，但能不能形成长效机制并长久保持这样的努力成果确实亟待探索。

三、松江区城市综合管理大联动机制的主要功能与特点

（一）主要功能

松江区大联动机制主要功能概括为：管理力量大整合、社会服务大集中、信息采集大平台、矛盾隐患大排查、社会治安大联防、行政执法大联动。具体体现在以下几方面：

（1）问题发现为导向，实现矛盾隐患大排查。松江区大联动机制突出强调主动发现问题，健全矛盾隐患排查机制，实现被动整治转为主动治理，将矛盾控制在萌芽状态，掌握社会管理的主动权，建立社会长效管理机制。

（2）权力边界被打破，实现管理资源大整合。大联动机制建设中，打破现有僵化的权力边界，以社会管理难点重点化解为任务，整合各种社会管理资源和力量，集中优势资源，保障行政执法大联动，形成优势资源共同解决难题。

（3）多元需求得满足，实现社会服务大集中。大联动机制的推进，实现了社会服务大集中，至少满足了三个需求：职能部门管理的需求，地区解决难题的需求，老百姓生活的需求。在三个层面实现了职能部门、地区发展、老百姓生活之间的平衡，促进社会的和谐。

（4）管理力量趋下沉，实现社会管理大联动。在大联动机制中，各种管理力量下沉到基层，便于管理者及时发现问题，及时解决问题，有利于部门合作，同时，有利于动员媒体、民众及基层组织积极介入，提高社会管理有效性和针对性。

（5）管理流程呈优化，实现管理高效低成本。大联动机制运行中实现了扁平化管理，减少了管理环节和流程。坚持主动发现问题——大联

动平台指挥——现场队伍处置——大联动平台监督考核——结果反馈主线。实现了流程优化，形成了一个闭环运行系统，减少外来程序和流程因素的干扰，提高了社会管理效率和降低了社会成本。

(6) 技术支撑为主线，实现信息共享有保障。大联动机制建设中，技术是保障，如没有现代化的通讯和网络保障，大联动平台很难有技术载体的支撑，更谈不上形成合力。

(二)主要特点

1.搭建一个平台

大联动机制的建设为信息汇聚、资源共享、指挥统一、部门联动提供了一个有效的平台。在社会问题解决中，做到指挥统一、协调高效、反应迅速，资源整合，保证社会管理工作统一、高效地运行，充分发挥各部门的合力。松江区、街镇两个联动中心建立，为社会管理提供了权威性的机构，有利于区、街镇统一调度资源，共同解决社会问题。

2.创新两种机制

一是信息共享机制。信息是管理中最基本的资源，大联动机制实现了纵向和横向两个纬度的信息联通，达到信息共享，为社会管理大联动提供保障；二是资源整合机制。大联动机制建设的最终任务就是在一个平台上实现人力资源、物力资源等资源的统一调度，统一指挥，形成合力，快速反应，有效地解决社会问题。

3.实现三大目标

一是机制创新。在不改变现有体制的框架下，实现机制创新。在统一平台上，实现统一指挥，信息共享，部门资源整合，打破部门之间隔离，实现部门之间联动，快速反应，解决社会管理中的问题。二是流程再造。大联动机制运行中，坚持“发现问题——启动大联动机制——联动平台统一调度资源进行处置——处置结果反馈——联动平台对处置过程进行监督”，形成一个回字形闭路系统，将原来非常复杂的管理流程进一步优化，提高办事效率。通过大联动信息平台，围绕信息发现、上报、派发、处置、反馈等各个环节，加强日常督促检查，确保各类城市管理问题能够发现在萌芽状态，处置在初始阶段。三是运行高效。在大联动办公室的统一领导下，保障联动指挥的权威性，以具体整治项目为抓手，以大联动平台为载体，有效整合多个部门资源，快速高效整治疑难社会问题，保障大联动工作快速高效运行。

4.体现四大特色

一是权威推动，成效显著。二是项目依托，重点突出。区政府的大联动往往解决群众反映大、危害性大的安全隐患问题。三是经济实用，务实高效。四是依法合规，责任明确。在大联动机制运行中坚持主体明确，不推诿；程序明确，不留把柄；执法分工明确，不打乱仗；安全措施到位，解决执法难度，提高大联动的效果。

四、松江区城市综合管理大联动机制建设取得的成效

松江区大联动机制试点以来，在以下几个方面取得显著成效。

(一)社会管理部门联动意识增强，各单位参与联动的积极性提高

大联动机制运行以来，通过大量联动活动，解决了平时难以解决的疑难问题，让职能部门和地区体会到大联动的优势，某种程度上增强了职能部门与基层政府部门联动意识，为大联动机制全面推开提供良好的环境。

(二)条块分割问题得到缓解，逐步打破现有体制的障碍

松江大联动机制试点中，突破原有的条块分割体制，以任务为导向，以项目为载体，坚持职能部门为责任主体，整合条块资源，以有效

解决问题为目标，依靠区大联动中心的权威，统一指挥，统筹各种资源，创新了社会管理模式，调动联动单位参与的积极性，充分发挥条线的功能。

（三）部分社会问题得到有效解决，尤其是一些疑难杂症

注重“大联动”和“小联动”的有机配合，在街镇开展事件前期处置和短平快“小联动”综合整治的同时，对一些面广量大、积重难返，靠常规工作难以奏效的城市顽症痼疾，由区大联动办公室牵头，整合全区的行政资源，采取集中整治的方式打歼灭战，并建立后续常态化的综合执法机制，发现一家处置一家，力争从根本上解决问题，有效破解了各类城市管理的疑难杂症。在当时开展的“大联动一号”集中行动中，一举取缔“黑网吧”22家，收缴电脑和服务器676台，创本区“黑网吧”专项整治的历史记录。其中，九亭镇1至6月份共开展城市综合管理检查排查9382次、当场教育劝阻4431次、制发整改（停业）通知4695份、取缔各类违法违规行为471起、行政处罚739起。九亭地区2011年度公众安全感满意度评比中综合得分80.16分，这是近年来首次实现了达标。

（四）基层与民众参与的积极性增强

由于社会管理的重心下移，借助区政府力量加强对职能部门考核，推动职能部门工作重心下移，调动职能部门参与基层社会管理的积极性。同时，基层组织与民众在大联动机制影响下，积极参与到社会管理大联动，提供信息，加强监督，为大联动机制运行提供了坚实的基础。

（五）信息收集传递的渠道更加畅通，提高城市管理信息的敏锐性

由于大联动机制确立庞大的问题信息发现和传递网络，使问题信息

发现更加及时，传递更加有效。信息统一，传递迅速，为处置问题提供信息保障。

（六）确立了一套大联动管理的规范和制度

一是形成了大联动标准化工作手册。对城市综合管理事件进行全面梳理，形成标准化工作手册，涵盖了治安消防、道路交通、市容环境等六大类134项城市管理事项。在经过职能部门确认、法制办认定的基础上，形成事件名称、事件说明、处置部门、联动部门、管理依据、处置流程、处置要点、处置时限等八大类内容，作为大联动的体系标准，解决了大联动做什么的问题。二是制定了对各成员单位的考核监督办法。积极争取区委区政府领导的支持，将大联动工作纳入对区各职能部门的最主要绩效考核项目，与年底目标管理考核相挂钩，有效调动了各成员单位开展大联动工作的积极性。

（七）落实了信息化技术支撑

大联动中心牵头开发建设了“大联动”综合信息平台，形成了覆盖区、镇、居（村）委工作站的三级信息传递网络。启动了三个试点镇的城市图像监控系统建设，九亭地区的1200个探头已建成投入使用，稳步开展了大联动通讯系统建设。

五、松江区城市综合管理大联动机制建设面临的问题

（一）认识上的问题

一方面，部分部门和单位对大联动认识不统一，认为大联动凭什么来指挥。工作中有畏难心理，将本属于自己部门的事情推诿到大联动工作组，增加了大联动的工作量。另一方面，社会上对大联动的认同度不

高，对大联动功能持观望态度的人比较多，适合大联动运行的氛围还未形成，一定程度上影响了大联动机制的运行。

(二)大联动机构职能定位问题

当前大联动机制建设处于试点和探索阶段，大联动中心缺乏法定地位，缺乏顶层设计，关于大联动中心的职能界定并不明确，尤其是一些制度性和规范性的规定。因而，大联动中心缺乏必要的权威性，影响了大联动中心的牵头、协调功能的发挥。

(三)大联动机构编制与经费问题

当前由于缺乏有效的顶层设计，大联动机构缺乏编制和经费上的保障。目前大联动中心是个临时性机构，队伍和人员处在不稳定状态，部分中心出现多种编制现象，存在同工不同酬的问题，影响了工作人员的积极性。同时，经费没有得到有效保障，影响大联动中心的正常运转。

(四)大联动运行的法律问题

在大联动机制实施过程中，各参与单位在具体执法管理中普遍反映在法律、法规、规章适用方面存在着操作性不强的问题，尤其在群租、车辆非法营运、无证无照经营等方面较为突出。譬如对车辆非法营运的认定取证方面，招揽议价、旁证笔录、当事人承认、车辆处于形式状态四个条件缺一不可，且要证明驾驶员系长期从事非法营运行为才可以处罚，取证难度非常大。政策上没有法律依据，因而执法力度不够。像房管部门，在群租问题上只能对其认定，而在法律层面上没有相关规定指导房管部门解决这一问题。这些法律问题影响了大联动机制的运行，增加了大联动工作的违法风险。

（五）联动执法中的人员配备问题

近年来郊区经济社会快速发展，人口大量导入，但行政执法力量配备较为薄弱。如松江区工商部门人均监管数达到405户，而徐汇、静安两区分别为232户和100户；在食品经营监管领域，区人均监管户数为44，更是徐汇的4倍，静安的7倍；全市城管平均配备数为每万人6人，而松江区则每万人不到2人。同样的情况，在交通执法、房管、卫监等许多部门都不同程度存在。

（六）大联动机制效用问题

疑难问题经过大联动行动整治后，很快出现回潮现象。这主要是因为违法成本低，而执法成本高，且无证经营、非法建筑等多发生在偏僻的地方，取证困难，因此会造成问题回潮现象，导致部分人员怀疑大联动机制的效用。其实，大联动只能解决社会管理面上的难点问题，根本上问题的解决还得通过公共产品的充分供给，解决资源配置的问题，满足基层民众公共需求。

（七）对职能部门考核权的问题

大联动机制运行中，各联动单位能否做到资源整合、部门联动，关键在于大联动中心能否对联动单位进行有效监督。当前，人们担心大联动中心缺乏重要的抓手，难以对其他部门形成有效的监督，对其他部门行使考核权，职能部门考核结果如何运用，尤其是由市里统一管理的执法条线部门，这在一定程度上影响联动单位的联动效果。

第三节　长宁区社会综合管理大联动机制建设情况

一、长宁区社会综合管理大联动机制探索背景

城市基层管理体制与市场经济规律不相适应的矛盾愈来愈突出，一是城区管理依靠突击式、集中式、运动式的整治方式难以应对社会管理的客观现实，“整治——回潮——再整治——再回潮”成为城区管理、顽症治理难以走出的怪圈；二是乱设摊、乱停车、跨门营业等城市顽症仍然突出，在建和拟建项目与周边居民的利益矛盾逐渐显现，各专业部门之间自转能力不平衡、公转协作不给力，主动意识、合作行为、联动能力还有待加强；三是群众对政府应对、处置突发事件的要求越来越高，条块之间还存在对接不及时、衔接有缺位的现象，信息互通、职能互补有待优化；四是信息化技术应用发展不平衡，基础信息存在多头采集、重复采集现象，各条线还存在数据壁垒、信息孤岛，数据质量、数据共享有待提高。

二、长宁区社会管理大联动机制建设情况

长宁区社会管理联动中心是在长宁区社会管理联动领导小组统一领导下，为加强社会管理、顺应发展需要、回应群众需求、巩固创建成果、提高政府效率而设立的一个临时性常设机构，是全区社会管理具体事项受理、协调、落实、推进、实施、监督和考评的部门。联动中心按照“承续职责、统筹运行、注重拓展、预留空间”的原则，整合了区总值班室（应急办）、城市管理网格化指挥处置中心等部门，开设了市民

热线服务“962347”功能，承担了群众需求回应、社情民意研判、城市管理指挥、应急事务管理、日常运行值守等职责，赋予了指令权、考核权、协调权、督办权等权利，业务涵盖了政府行政管理范畴。联动中心通过部门整合、开通市民热线、深化网格化城市管理等途径，形成了集主动发现问题和被动发现问题于一体的管理平台，初步构建了扁平高效、综合联动的社会管理新格局。

联动中心按照“指挥平台统起来、多路信息串起来、多套系统并起来、多支队伍联起来、绩效评估晒出来、社会力量融进来”的建设目标，立足常态长效管理，坚持问题需求导向，通过功能、空间、网络的拓展，资源、人力、职责的整合，建立了社会管理联动处置体系，搭建了社会管理基础信息平台，健全了全天候运行处置机制，规范了社会管理联动处置流程，开展了社情民意综合研判，逐步实现社会管理联动中心成为区情况信息汇集中心、群众需求回应中心、社情民意研判中心、城市管理处置中心、行政管理考评中心。

三、长宁区社会管理大联动机制的功能

根据社会管理创新试点项目推进的总体要求，联动中心着力在以下几个方面做了重点推进。

一是不断完善受理处理流程，不断规范受理处置行为，确保群众需求“件件有回声、事事有成效”。通过制定《长宁区“市民热线”联动处置暂行规定》，建立了固定式（24小时值班处置部门）、捆绑式（指令接受与责任人）的联动处置机制，明确了联动处置的基本原则、联动中心及联动单位的职责、联动处置基本流程以及联动处置的要求。通过建立并不断完善咨询服务基础资料库，开展社会管理基础信息平台的维护，确保群众各类需求答询准确、处置有效、监督全面、群众满意。

二是不断拓展城市管理内容，不断延伸城市管理触角，确保城市管

理“人人参与管理、事事都能发现”。联动中心坚持问题管理导向，通过“主动发现”（原城市管理网格化管理工作）和“被动发现”（市民热线反映的城市管理问题）的途径，对各类城市管理问题进行全面汇集和处置。以健全“大门责”管理制度（以与区域内沿街面单位签订市容环境责任书的形式，调动责任单位积极性，开展“门前三包”的自我管理，营造“社会参与、群众自治”的氛围）为抓手，重点推进“门责员（签约责任单位当日履行“门前三包”的人员）责任的落实、网格监督员劝导的效果和屡犯不改处罚环节。同时，将全区54个城市管理网络与对应街镇的社区管理网格进行无缝衔接，使城市管理延伸到社区，充分依靠社区管理优势，使发现问题的触角实现全覆盖。

三是不断优化联动运行方式，不断强化联动科技保障，确保社会管理“常态与应急衔接、服务与控制互动”。联动中心通过“三互（人员互派、信息互通、职能互补）的方式，与区应急联动中心（区公安分局指挥中心）进行了联通”，依托科技手段，建立信息化通道，实现了“虚拟合并”，使社会管理常态管理与应急处置状态的转换更加快速，也使社会管理具体事件变化发展的控制更加有力。同时，联动中心通过优化社会管理基础信息平台，依托“四个实有”（人口、房屋、企业和从业人员）数据库、实时警力分布图（与GIS系统关联）、IC卡门禁管理系统等科技信息，实现了社会管理相对人基本情况的即时掌握、可协助社会管理警力分布的实时了解，为提高服务和管理针对性与实效性给予了支撑。

四是探索了社会管理联动的新模式，形成了加强社会管理新途径。以市民热线管理服务系统为链接，将联动处置单位整合在一个系统之中，形成了社会管理联动处置网络，以“热线系统派单”为手段，将联动处置单位归置在同一目标指向中，明确了联动处置的目标，实现了社会管理联动的常态化。这种建立在明晰的行政管理职责基础上，以群众需求为指向、管理系统为链接、系统派单为手段的扁平化指挥、一体化运行、整体化推进的联动处置模式改变了传统以职能部门层级式管理处置方式，减少了处置环节，优化了管理途径，也使职能部门管理的重心由组织处置向监督处置转变，促进了管理效率的提高，促进了政风行风的转变，形成了主动适应社会管理形势要求，顺应社会管理发展变化的社会管理新路径。

五是开展了群众需求的分析研判，顺应了加强社会管理的新要求。通过对市民热线群众需求的分析，可以获取阶段性群众关心的热点、焦点，也可以发现管理工作中的薄弱环节，为日常加强管理、形成重点提供了指向，也为政府主动加强社会管理，强化管理薄弱环节，提高社会管理实效性、针对性提供了重要的依据。

六是加强了政府行为的监督，拓展了对政府行为评判的新视角。开设了市民热线，政府主动将行政行为置于广大群众的监督之下，改变了政府行为的成效评判。由政府内部按照一定程序考评的模式，使政府工作更多地从内部监督，转向市民监督、公众监督、社会监督。广大群众对政府在社会管理中的行为是否方便群众、是否获得实效、能否得到群众认可作为评判政府行为的重要依据。

七是重视日常运行值守。联动中心承续了原区值班室的功能，安排人员全天候驻守，保持与上级部门沟通渠道畅通，密切关注城市运行状况，掌握社会管理动态变化，及时报告重大事项，快速传达指令要求，确保全区日常运行有序，确保重大事件应对有度，确保辅助领导参谋有力。

四、长宁区社会综合管理大联动建设中面临的问题

(一)联动中心的整合功能不到位

联动中心是在整合区总值班室（应急办）、网络化城市管理中心等部门的同时，增设了市民热线功能。因此，联动中心既有原来部门的功能，又有新增的职能，对联动中心日常运行管理提出了新要求。联动中心经过调研思考，在不打破原来部门管理关系的基础上，通过对职责的梳理，管理运行的整合，以实现功能为目标，重点在人员运行管理上进行有效整合，拟定了《社会管理联动中心运行方案》。但在具体操作中，涉及岗位职责、人员配置、管理运行、福利待遇等方面的具体问题，特别是从属关系直接影响到运行成效，在内部管理、力量安排、日常运行等方面出现了被动局面，人员调动难、工作统筹难、工作安排难等情况阻碍了联动中心运行的通畅、管理的有效、合力的发挥。联动中心尚未实现真正意义上的整合，只是部门工作地点的集合。联动中心存在整合上貌合神离、运行中“各自为阵”、管理上“以条为主”的问题。

(二)管理体系“难融一体”

一是管理体系中缺乏中间管理层干部。联动中心配置了一正四副的领导班子，运行中结合干部原来岗位情况，进行了分工，明确了各位主任各自分管的一块。但从副主任到工作人员之间没有承上启下的科级干部履职，势必使副主任沉入事务堆之中，对工作的宏观把握造成被动局面。同时，对工作人员的思想动态掌握更加困难。

二是工作人员之间收入不平衡带来管理被动。当时由于网格化信息员实行派遣制的方式，每个月工资在2000元左右，而市民热线话务员采用外包形式，每月工资在3000元以上，在同一个大厅内，又处于同一个

工作平台，他们之间的收入差异给人员整合、力量统筹带来了难度，无形中形成了两个工作群体，工作的互助、补台难以实现，更不可能将两个群体整合一体。

（三）缺乏有效的物质和制度保障

一是总值班人员缺乏使工作难以正常运行，二是办公用房缺乏影响工作的开展。这些因素在制度上缺乏有效的规定，难以保障中心功能正常的发挥。

（四）联动的权威性不够

联动中心的部门之间岗位职责不明确，分管领导不同，影响联动中心整体功能的发挥。

（五）联动中心的定位问题

联动中心到底属于哪个部门，市政府序列里没有该机构，使得该机构没有统一的模式，影响中心的联动效果。

（六）联动中心的预算资金问题

联动中心的预算分为应急办、网格办、热线电话三块，分属于不同的部门预算，财力分散影响中心的保障水平，使中心运行缺乏有效的合力。

（七）联动处置实效性不够

联动处置中机制性不全、及时性不强、固守力不足、常态性欠缺等问题，影响联动处置实效性发挥。为此，联动中心将通过建立主任跟踪督办制度、健全疑难事项协调督办机制、开展联动处置优秀案例评选活动等措施，将关注市民重复来电、跟踪联动处置实效作为当日值班主任的工作职责，充分发挥联动中心在疑难事项处置中组织、协调、跟踪、督办的作用。

五、长宁区社会综合治理大联动机制下一步建设举措

长宁区社会综合治理大联动机制需要进一步建设和完善的方面：一是着力强化联动处置实效性，不断增强联动处置能力；二是努力优化内部管理运行机制，确保联动中心运行有序、管理有策、支撑有力；三是全力开展市区热线对接工作，为始终保持优势奠定基础；四是大力加强联动体系建设，不断夯实联动处置平台。总之，今后工作中，将不断拓展联动处置平台、扩大市民热线联动处置网络、积极推进信息管理工作、积极推进街镇社会管理联动分中心建设。

第四节　奉贤区城市综合管理大联动机制建设情况

奉贤区城市综合管理和应急联动工作（简称“大联动”）是面向城市管理、民生服务、应急处置及治安稳定等领域，综合各联动部门的信息资源，以综合利用和联系各类信息资源为核心，提供统一的联动管理、指挥、调度和辅助决策服务平台。它不改变现有行政管理的组织体制，不改变部门的行政管理职责，通过队伍整合、管理联动、信息互通、资源共享等举措，实现信息准确采集、指挥高效正确、处置快速及时，大联动是一种机制的创新，是城市综合管理的全新尝试。

一、奉贤区城市综合管理大联动机制建设的主要做法

奉贤区大联动工作通过借鉴闵行、嘉定等其他区县的经验，根据奉

贤区自身实际以及南桥镇试点中发现的问题，在工作方案上坚持四个原则：一是利用现有资源充分整合的原则。依托现有资源、现有平台、现有网络及现有体系，实现最大限度的整合。二是突出城市管理、服务民生的原则。在管理内容上侧重于和市民生活息息相关的城市管理和民生服务方面。三是整合管理力量、快速反应的原则。社会协管力量整合，多渠道及时发现，实现综合管理、群防群治、及时高效处置。四是共享信息数据、精细管理的原则。各类政府信息的集中采集和共享，精细化的考核评价，使城市管理数据有据可查，积极构建服务型政府。

（1）在具体操作上，以现有的奉贤区城市网格化管理平台为基础进行软件、硬件升级，建成大联动系统平台架构。建立“专业发现队伍”和“兼职发现队伍”，做到问题应发现尽发现；建立城市管理工作机制，以规范流程为标准，落实责任，避免相互推诿，强化对各部门、各单位的监督，提高处置效率。

（2）在工作内容上，主要包括城市管理、应急处置、民生服务和治安稳定四大类。其中，城市管理类由区大联动中心指挥处置，以现有的城市网格化管理平台为基础，拓展范围、增加内容，管理范围从城市化地区街面扩大到居民小区、农村地区，实现区域全覆盖。管理内容在网格化88种部件、32种事件的基础上，结合南桥镇试点情况，将事件扩展至142种。应急处置类由区应急署（区总值班室）指挥处置，并新建应急管理子系统，满足应急状态下应急指挥协调的信息需求，目前涉及23种事件。民生服务类结合大联动建设，新建城建热线子系统，并已于2012年10月8日成功与市“12345”市民服务热线对接，承担奉贤区域的投诉处理。治安稳定类由公安110指挥中心指挥处置，并与大联动信息系统实现互通，目前涉及9种事件。

（3）在组织架构上，在区级层面建立区城市综合管理和应急联动工作领导小组，成员由各相关委办局和各镇、开发区、社区主要负责人组成。各镇、开发区、社区，各相关委办局相应成立领导小组。同时组建区、镇、居（村）委三级大联动工作网络。区级层面将原区绿化市容局所属的城市网格化管理职能和区府办所属的应急管理职能进行整合，成立“奉贤区城市综合管理和应急联动中心”，增挂“上海市奉贤区城市网格化管理中心”牌子，为直属于区政府的事业单位，下设“四科一署”，编制38名。全区有43家区级处置单位（自市“12345”热线成立以来，处置单位新增12家，现今共有55家处置单位保障我们的工作顺利平稳开展）、12个镇级分中心、215个居（村）工作站。

（4）在工作流程上，依照网格化模式优化管理流程。主要包括问题上报（由专职监督员、兼职监督员、市民投诉、网络媒体等渠道承担案件的发现工作）、任务派发（大联动中心将南桥中心城区的案件和各镇开发区的转派件派遣至各区级处置单位，处置单位二次派遣至下属单位或部门。各分中心将各类上报的信息按照既定的职责分工派遣至镇级处置单位或向区大联动中心申请转派）、问题处置（坚持首问责任制、及时快速处置，处置经费按事权由区、镇两级政府各自承担，属公司盈利行为的自行解决）、处置期限（按照不同类型的问题设置相应的处置时限）、处置反馈（通过专职监督员、兼职监督员、接线员进行处置情况的查看、回访，最终结案）、处置督办（区大联动中心对各镇、社区、开发区大联动分中心和各委办局进行考核、督办、指导）、处置情况公开（所有问题的发现、处置、反馈结果在大联动处置系统上以红绿灯形式进行适度公开，通过倒闭机制进行约束，树立大联动权威性）。

（5）在制度建设上，由区委办、区府办联合下发了《奉贤区城市综合管理和应急联动工作方案》，筹建办拟定并下发了《镇级分中心建设指导意见》《处置平台建设指导意见》。对最为关键的《大联动事件责任归属方案》进行了多次书面征求意见，对存有争议的事部件联动中心牵头相关部门分管领导、联系人多次专题讨论，明确了有关职责划分，达成一致意见。另外还编写了《大联动工作实施意见》《大联动工作考核办法》《大联动中心员工绩效考核办法》《大联动工作制度汇编》《城建热线知识库》《城建热线工作规范》等相关文件和规范。

二、奉贤区城市综合管理大联动工作机制的创新

奉贤区大联动工作启动以后，得到了各级领导和兄弟区县的支持和关注，区四套班子、市应急办、市建交委、市经信委、宝山区政法委、青浦区赵巷镇等部门领导先后莅临调研。奉贤区大联动工作在立足本职、做好工作的同时注重实践和理论上的前沿性探索。

（1）基于城市网格化管理系统的应用拓展，走在全市实践探索的前沿。奉贤区大联动系统基于城市网格化管理系统进行内容拓展和功能升级，得到了市建交委、市城市发展信息研究中心的大力支持，作为全市试点对系统开发等进行扶持。

（2）基于大联动平台的应急资源布局和应急预警功能试点，走在全国理论研究的前沿。作为国家自然基金关于应急管理重大研究计划的子课题，上海交通大学刘晓教授的《非常规突发事件网络化生命线系统的脆强性问题研究》和樊博教授的《基于GIS（地理信息系统）的城市应急预警网格划分方法研究》将奉贤区的大联动系统作为项目研究的试点，这在全国都是具有前沿性的研究，可以为奉贤区的应急管理工作开创新的思路。

（3）博采众长又立足奉贤实际，在“联”字上下功夫求成效。一是联合城市常态管理和突发应急管理职能，建立城市综合管理和应急联动机制。二是联合各部门队伍、物资、信息等资源，依托大联动平台实现共享。三是联合条线部门和属地政府，实现对复杂问题的联动解决。

三、奉贤区城市综合管理大联动机制运行情况

经过近一年的紧张筹备，奉贤区城市综合管理和应急联动中心于

2012年4月1日正式成立，标志着大联动工作的正式启动。近几年来的运行主要表现出四个方面的特点：一是区、镇两级大联动中心指挥顺畅，特别在奉浦肖塘、奉城南门等一系列顽症问题的专项整治及柘林水污染事件等突发事件应对中发挥了重要作用；二是条块联动、部门联动的工作格局逐步确立，在具体问题处置中呈现“以块为主，条线配合”以及“主责部门牵头、联动部门配合”的良好局面；三是群众参与度明显提升，城建热线从运行初期的每天20多个来电上升到目前每天近百个来电；四是案件发现量明显增加，全区案件发现量从4月初的每天300多件上升到目前的近700件。根据区委区政府提出的关于加强服务型政府建设的要求，结合中心工作的职能，大联动指挥中心重点做了以下几个方面的工作。

（一）加强日常问题的巡查

大联动中心2012成立至2012年11月30日，全区立案155739件，当期应结案154907件，实际结案153468件，结案率99.07%。其中区中心立案13674件，应结案合计13968件，结案13718件，结案率98.21%。各镇大联动中心立案142065件，应结案合计140939件，结案139750件，结案率99.16%。

（二）着眼工作机制的完善

一是建立公安、城管等多部门执法力量常态化联合巡查的“大联勤”机制，实现了“条线”联合执法的常态化、街面秩序管理的长效化。南桥城区于2011年12月建立了两个联勤小组，开始试行“大联勤”机制，取得了一定成效。在环境复杂、问题多发的重点区域建立多部门协同的联勤机制可以有效控制该地区环境面貌。二是构建区镇联动格局，对群众反映集中和领导关注的突出问题由大联动中心牵头协调相关部门进行联合整治并建立长效管理机制，形成“属地主导，条线配合”的联动格局，在5月中旬开展的奉浦肖塘地区综合整治以及6月底开展的奉城南门地区综合整治中联动功能得到充分体现。三是强化部门联动，在《大联动事件归属方案》中明确牵头单位和联动单位，在具体案件处置中逐步形成“牵头单位主导，联动单位配合”的格局，对运行过程中出现的普遍性顽症问题加强专项研究，形成专项处置方案。区大联动中心已逐步成为协调“条与条、条与块、块与块”处置具体问题的核心。

（三）强化热线功能的发挥

至2012年年底运行8个多月，“22132213”城建热线共接听市民来电6685个，受理市民各类诉求7051件，结案率94.5%。2013年市“12345”热线与大联动中心城建热线成功对接。2012年10月8日至11月30日奉贤区“12345”平台收到案件268件，处置233件，结案率86.94%。

（四）注重应急管理的实效

2012年4月1日起，区应急管理职能纳入区大联动中心，运行初期注重新的应急管理系统的适应和完善，初步实现了应急预案、应急队伍、应急物资等决策辅助信息的集中汇聚，在“5.29柘林水质事故”等一系列突发事件处置中发挥了积极作用。

四、奉贤区城市综合管理大联动机制建设面临的问题

（一）工作宣传力度有待加强

群众对大联动工作和城建热线的知晓率还不高，部分处置单位对大联动工作重要性的认识还欠缺，影响大联动机制的功能发挥。

（二）工作考核力度有待加强

在发现环节、协调环节、处置环节还需重视大联动工作的情况，需要通过强化考核力度，推动大联动工作的开展。

（三）热线案件处置率有待提高

热线案件受理后，处置单位如何及时跟进解决，在处置时限和处置标准方面仍没有建立严格的规范。

（四）居（村）工作站案件发现量偏低

由于各工作站的监督员都是兼职，都是居（村）委工作人员或条线兼职人员，加上部分镇级平台考核奖励措施不到位，居（村）案件发现量处于较低水平。

（五）大联动中心机构定位与人员编制问题比较突出

由于全市缺乏统一的规定，各地处于试点阶段，中心的人员编制及其工作人员身份不明确，相关待遇没有得到有效解决，影响了工作人员的稳定性和积极性。

（六）大联动中心在具体联动工作中缺乏应有制度性和规范性规定

很多工作没有权威的制度和机制保障，受人为因素干扰比较大，难以形成长效的联动运行机制。

五、奉贤区城市综合管理大联动机制下一步建设举措

(一)加强宣传营造公众参与的良好局面

与区新闻部门开展合作，以专栏形式对大联动工作和城建热线进行宣传。一方面要通过宣传加强各级处置单位和各居（村）委对大联动工作重要性的认识，另一方面要提高大联动中心特别是城建热线的社会知晓率，发挥城建热线联系政府和群众的桥梁纽带作用，服务群众、化解矛盾，形成“中心主导、部门协同、公众参与”的良好局面。

(二)强化部门联动增强工作实效

一是继续梳理、总结、推广各镇级分中心、各处置单位在运行过程中形成的好经验和做法；二是对各类疑难杂症案件集中研讨，协调各联动单位形成专项处置方案，逐步实现长效管理；三是加强部门联动，对群众反映强烈的重大问题开展集中联合整治，发挥好大联动中心“联动”的作用。

(三)通过效能监督和工作考核强化工作权威

与区监察部门开展合作，对大联动工作进行效能监督，特别对热线案件处置不力的情况和群众反映集中的问题进行跟踪督办。完善大联动系统的考核模块，强化对处置单位、镇级平台以及内部工作人员的考核，提升大联动的指挥权威和工作推动力。

(四)加强居(村)工作站能力建设

一是区级平台加强面上掌控，对案件发现量较低的工作站重点加强机动督察和热线宣传，提高案件量。二是督促镇级平台建立对工作站和

兼职监督员的考核机制，提升主动意识。三是加强对工作站工作人员的业务培训，提升工作能力。

（五）强化热线功能确保群众满意

一是作为“夏令热助”行动的承办单位之一，要充分发挥城建热线的平台优势，提高“夏令热助”的覆盖面和影响力，同时借助“夏令热助”的开展，在前期运行经验基础上研究热线功能的优化，在热线流程、热线结案标准、热线督办机制等方面进一步完善。二是研究“12345”市民热线在本区的实施情况，做好“12345”市民热线工作进一步开展的计划和准备。

奉贤区城市综合管理和应急联动工作在区委区政府的正确领导下，将依托完善、高效的管理系统，依靠覆盖全区的工作网络、公正权威的考核体系和广大群众的社会监督，实现管理信息由离散分割型向集中汇聚型、管理方式由末端处置型向前置预防型、管理手段由突击整治型向长效管理型、管理程序由简单粗放型向精细规范性、管理态势由被动防控型向主动服务型的“重大转变”。

第五节　嘉定区城市综合管理大联勤机制建设情况

嘉定区城市综合管理大联勤工作机制，是指运用信息化指挥系统，综合协调、调度地区行政管理部门，统筹社会化参与，开展联合巡防，依法管理城市公共空间，保障城市稳定有序健康运行，促进社会和谐的一种工作模式。可以用三句话来诠释“大联勤”的概念，一是“大联勤”的特点，特色是“合成加科技、依法加服务”；二是形成“一元化统筹领导、常态化综合管理、现代化技术支撑、社会化力量参与”的工作格局；三是通过“四大创新、四个联合”，提高城市综合管理、科学管理的水平和能力。

一、嘉定区城市综合管理大联勤机制产生的背景

（一）城市化进程提速，社会管理任务将更加繁重、更加艰巨

随着新城建设、大型社区建设等项目的加快推进，大量人口向新城、新市镇聚集，将给社会管理带来许多新情况、新问题，传统应急性、被动式的社会管理方式亟须改变。从社会管理现状看，一方面城市化快速发展，特别是人口数量快速增加、人口倒挂现象尤为突出和人口结构的日趋复杂，给社会稳定和社会管理带来了巨大挑战。2010年，嘉定区实有人口135万，其中来沪人员80多万，近十年来，来沪人员总量增长了近3倍，年平均增长率达到14.5%。另一方面社会管理机构设置、力量配置还沿用原有的模式，社会管理力量基本还是按照户籍人口数配置，社会管理任务相当艰巨繁重。如人员配备问题比较突出（管理执法人员过少），户籍人口配备执法人员比例不协调，尤其是专业执法人员缺乏，影响了行政管理和行政执法。行政部门不主动，不积极参与前端管理。因此，必须努力适应嘉定区新一轮发展中社会管理形势的变化，加快转变管理方式，着力探索实践符合地区实际的社会管理新机制、新方法，切实提升社会管理实效。

（二）现行城市管理"条块"矛盾凸显

一是城市管理块与条之间缺乏有效联动，条与条之间存在壁垒。当前，城市管理中很多问题的责任主体在块上，而执法权限在条线，"条块结合、以块为主"在具体落实过程中，缺乏明确、规范、有效的工作机制。同时，因条与条之间执法分散，缺乏联动，在对一些乱点、顽症执法时，往往因单一的行政行为，无法管理治理到位，导致法律效果和

社会效果都不尽如人意。很多管理事项边界不明，责任不清。部门的隔离导致很多问题难以得到有效管理，部门之间出现缝隙，形成了管理的空白和真空地带，成为“三不管地带”。在实际工作中，当问题涉及多个部门时，往往不能明确问题的首要责任人或最终责任承担者，存在“谁都有责任，谁都可以推卸责任”的怪圈。因而社会发展需求与政府职能不匹配，部门之间利益缺乏有效的统筹。

（三）城市综合管理长效化、常态化必然要求创新社会管理模式

2010年中国上海世界博览会结束后，社会管控的工作要求和工作强度必然会有所下降，一些社会管理问题有可能出现反弹。推行联勤工作的目的就是结合地区实际，在认真总结“世博”经验的基础上，整合现有管理资源和力量，建立健全一些行之有效的社会管理机制，解决以往执勤力量分散、执法效率不高等问题，使好的社会管理模式制度化、规范化、长效化，确保社会管理长效、常态。

（四）原有的管理方式失灵

传统的社会管理工作习惯于搞专项整治，短期内效果好。但重整治、轻常态做法导致了职能部门该管的事情没有积极性，等着专项整治来推进工作，从而影响了社会管理的效果。

二、嘉定区城市综合管理大联勤机制建设情况

嘉定区委区政府从2010年起就将推进社会管理创新工作作为全区主要工作之一。2010年初即选定城市化程度较高的真新街道开展城市综合管理联勤工作试点，经过一年多的探索实践，取得了初步工作成效。在先行试点基础上，区委区政府在真新街道召开联勤工作推进现场会，逐步将真新联勤模式向全区推广。

（一）真新街道的试点工作

真新街道在2010年初专门成立城市综合管理委员会，建立了由综治、公安、城管、工商等各职能部门组成的工作体系，按照两级响应模式，组建了一支联勤工作大队，其中一级响应梯队由公安、城管、辅助人员共计160余人组成。聘请专业公司开发设计了城市综合管理信息平台，并建立完善了指挥调度、快速反应、联络协调、监督保障等一系列联勤工作制度，在辖区4个联勤责任网格开展24小时巡防和即时处置，工商、食药监等适时按需参与联勤管控，使城市市容、治安问题能够得以早发现、早管理、早控制，联合执法高效、常态。真新街道城市综合管理体系实践一年多，地区城市面貌和治安状况就明显改善，2010年公众安全感和满意度指数大幅上升，排名分别跃升至全区第二名、第三名；执法环境明显改善，联勤工作开展以来未发生一起暴力抗法事件。

（二）全区联勤工作试运行情况

真新街道城市综合管理联勤工作推进现场会后，在区委区政府的统一部署下，区联勤工作实现了稳步有序的推进。当时，全区各街镇共建立12支联勤大队共1265人（其中公安民警110人、城管199人、社保队员401人、城管协管212人、其他各类人员343人），在全区70个网格化责任网格（其中城镇化地区网格30个）开展联勤巡防，以街镇派出所指挥中心为主体建立了各街镇的联勤指挥中心，并在各街镇联勤指挥中心全部安装运行了城市综合管理联勤信息系统平台，配备了综管平台系统移动终端，顺利实现了在2011年5月1日前全区各街镇全面正式运行联勤工作的目标，并取得初步工作成效。

1. 加强联勤工作组织

在区级层面，成立了区城市综合管理联勤工作领导小组，由区委书记任组长，区长任第一副组长，区委区政府有关领导任副组长。领导小组下设办公室和联勤工作指挥中心，分别负责牵头协调全区城市综合管理联勤工作和指挥全区城市综合管理联勤日常运作。在街镇层面，12个街镇均相应建立了城市综合管理联勤工作领导小组，组建了办公室、指挥中心、联勤大队及督察考核队等机构。目前，参与联勤工作的8家主要成员单位，也都明确了职责任务，全面建成了覆盖全区的联勤工作网络。

2.建立联勤工作机制

在工作中，注重联勤工作机制建设。先后印发了《嘉定区城市综合管理联勤工作计划任务书》《嘉定区联勤工作规范》和《区联勤工作指挥中心规范化运作方案》，明确和规范了联勤工作推进的工作原则和联勤网格巡防、分级指挥、联勤事务处置、联勤队伍组建、督导考核等具体的工作机制等。制定了《区联勤工作实务操作规范》，明确了相关职能部门纳入联勤体系的各类城市综合管理事项及处置要求。

3.强化联勤队伍建设

为增强联勤队员工作能力，提高各街镇联勤工作实效，区联勤办会同相关职能部门针对各街镇联勤指挥中心指挥人员和联勤队员开展了多次有针对性的培训，针对信息系统操作、指挥调度、城管通手机使用等进行了系统讲解，有效提高了队员的工作能力。

4.提升联勤工作合力

一是将条上的执法资源在块上有效整合。各参与联勤工作职能部门，都根据各个街镇的网格划分和实际情况，对下属或派出机构的勤务模式进行了科学调整，并将部分指挥调度权直接交给街镇指挥中心，顺利实现条线资源在街镇整合。二是加强科技保障。专门成立联勤工作信息技术保障组，由区科委牵头公安等部门，在真新街道城市综合管理信息系统的基础上，针对全区实际，制定技术标准，建立了全区统一的联勤工作信息平台系统，不断提高联勤工作的信息化、科技化水平。

总之，大联勤机制解决了三大问题：一是有效改善城市管理部门职能交叉的状况。城市管理是一项复杂的系统工程，内容繁杂，涉及综治、公安、城管等所有具有行政管理权的职能部门。随着市场经济的复杂化和管理部门的专业化，城市管理事项多头管理的情况也日益普遍，这就可能产生多个部门间推诿扯皮或者越权执法的现象。如城管部门，其管理内容及职责就与工商、公安等多个部门交叉。联勤工作将各职能部门及其管理的事项统一整合，做到"即发现、即处置"，有效改善部门管理内容交叉、管理责任不明晰的状况。二是有效形成城市管理队伍工作合力。在对地区城市管理工作的调研中，从各个政府部门中听到最多的声音往往是人员不够，力量不强。但具体到某一个街镇，公安、城管、工商、市政等各个部门专业人员及协管力量的总数不少（以嘉定工业区为例，区域内共有含公安、城管等各类执法及协管人员600余人）。在日常执法管理中，各部门往往是单打独斗，发现不属于本部门管辖的违法事件，既没有管辖的权限，也缺乏工作积极性。联勤工作通过将条上资源在块上整合，街镇联勤指挥中心既有各职能部门授予的部分先期指挥权，也有对街镇各方面力量的综合协调权，有效改变过去各自为政的局面，实现城市管理中的"多赢"。三是有效加强城市管理长效机制建设。在应对一些比较复杂的城市管理问题时，以往经常采用的方法是由综治部门或某主要部门牵头协调，制定整治工作方案，开展突击整治。这种方法短期内能取得比较明显的效果，但由于缺乏长效管理机制，往往出现"整一整，好一段，松一松，乱一阵"的现象。联勤工作的推进，将过去的联合整治由突击开展转变为常态集中，通过条上联动、块上巩固，有效强化了对城市管理老大难问题的长效工作机制建设。

三、嘉定区城市综合管理大联勤机制建设面临的问题

嘉定区城市综合管理联勤工作启动以来，在整合管理资源，加强社

会前端管理等方面已初步体现工作成效，但从前期试运行情况来看，联勤工作仍存在一定的缺陷，主要表现在以下几方面。

（一）组织保障和机制建设需要强化

当前联勤体系试运行阶段的推进工作主要得益于区、街镇及相关职能部门主要领导的高度重视，在组织保障及机制建设上还需要加强，特别是街镇作为联勤工作的实体处置平台，要进一步加强长效管理。

（二）基层考核机制不够完善

目前在各街镇已基本形成由纪（工）委牵头的督导考核管理机制，但总体评估机制还不完善，需进一步健全综合考评体系。

（三）联勤机制亟须拓展广度和深度

目前的联勤信息平台是基于先前试点的真新街道模式建立的，在向全区层面推进后，部分功能需要深化拓展；还要进一步拓展联勤的广度和深度，继续探索将联勤工作向居（村）委及企事业单位延伸，并逐步将城市管理资源全部整合到联勤体系，充分发挥资源优势，切实提高城市管理科学化水平。

（四）各个联动部门之间配合积极性有待提升

大联勤指挥中心依托公安“110”指挥中心进行信息搜集与任务派送。大联勤指挥中心的实际地位在运作中有虚化的倾向，权威性发挥还不够。

（五）联勤巡查队伍的整合度还不高，应急响应机制还不够灵敏

联勤巡防队员整体素质有待提升，有的参勤单位在处置中方式方法不够科学，小联勤还存在组织体系不够严谨、管理制度相对薄弱、人员

队伍素质不高等问题。

(六)与街镇层面“大联勤”衔接的居(村)的“小联勤”问题比较突出

“小联勤”主要是在基层党组织的领导下，紧紧依靠群众性自治组织和各种社区（村）管理力量，动员党员、社区居民（村民）、平安志愿者、参与社区、农村区域内涉及公共安全、公共环境和公共秩序的自治管理、自我服务，在与“大联勤”对接、联动时应进一步完善及时发现、快速处置机制。

四、嘉定区城市综合管理大联勤机制建设下一步举措

城市综合管理联勤工作在机制保障、联勤覆盖面的广度与深度及信息技术支撑等方面，还需要进一步加强对策研究，从而不断深化完善符合地区实际的城市综合管理长效机制，切实提高全区社会管理水平。主要工作如下：

(一)加强联勤工作的组织保障

按照联勤工作目前的组织架构，联勤办设在区综治办，机构设置上可进一步调整完善。另外，现在联勤办工作人员是从政法委、公安分局、工商分局等部门抽调，不利于工作的长期稳定开展。建议将联勤办设在区综治委，安排一定数量的专门工作人员，保障联勤工作长效发展。同时，要进一步健全相关职能部门参加的区联勤管理联席会议制度，加强工作统筹协调。在街镇层面，要进一步明确街镇城市综合管理联勤工作中心与综治工作中心合署办公的工作思路，在健全完善社区“三个中心”（社区事务受理服务中心、社区卫生服务中心、社区文化活动中心）的基础上，进一步加强街镇综治工作中心（联勤工作中心）建

设。居（村）委联勤工作站也要与综治工作站合署办公，实现基层资源的优化整合。通过街镇城市管理联勤体系与综治体系的整合归并，形成全区统一的城市综合管理格局，切实加强联勤工作体系的组织保障及统一指挥协调机制的顺利运转。

（二）完善联勤工作的监督考核

监督考核是城市综合管理体系保持健康运行的重要手段。前期，为深入推进联勤工作开展，各联勤相关成员单位均建立了本部门处置工作规范和考核办法，明确将联勤工作推进情况纳入对下属单位或派出机构的年度目标管理考核。同时，为全面、客观、公正地评价各街镇、各成员单位联勤工作的开展情况，区联勤办协调相关部门拟订了联勤工作考评办法草案。但由于社会管理、城市管理具有很强的社会性、群众性与专业性特点，涉及的部门范围广泛，而且各部门的参与程度和投入程度无法具体量化，督查考评实施比较复杂。通过征询相关成员单位及各街镇意见，下阶段要从专业评定、组织评价与社会评判并重的多元化方向努力，建立综合评估体系，不断提升督导考核的科学性、准确性与导向性。建立健全联勤工作考评办法，将其纳入综合评估体系中的“组织评价”部分。同时，要着重探索完善“双向考评机制”，充分吸纳街镇对各条线部门的考评意见，由各街镇对辖区内参与联勤的条线部门履职情况进行评定考核，成绩也纳入对机关的绩效考核，从而更好地调动条块工作的积极性，确保城市综合管理联勤工作高效、规范运行。

（三）拓展联勤工作的覆盖范围

联勤工作设计的初衷是在城市化程度较高的地区运行，网格责任区的划分、巡防小组的设置及巡防方式的确定，都比较契合综合管理事项及人员比较集中的地区实际情况。嘉定区地域较广，各街镇地区差异较大，只有真新街道、嘉定街道和新成路街道可以实现街面范围的全覆盖，故前期工作目标是除这3个街道外，其他街镇自主选择确定相关区域开展，全面正式运行，同时结合地区实际情况创新完善。试运行期间，部分街镇已经开始探索拓展联勤工作范围，如真新街道2011年5月已在辖区48个小区均成立由平安志愿者组成的社区管理队，由联勤指挥中心统一指挥；嘉定镇街道坚持世博安保工作经验，将驻场单位纳入联勤体系中，有效扩大综合管理联勤工作的覆盖面；马陆镇、江桥镇、徐行镇、华亭镇、嘉定镇街道等也已探索将联勤覆盖范围逐步向居（村）委延伸。下阶段，各街镇联勤工作要充分依托社区（村）综治工作站平台，因地制宜地向社区及农村地区拓展。城市化程度较高的地区，重点放在社区联勤上：一方面加强硬件建设，小区图像监控纳入街镇联勤实时图像监控系统，物业保安电台与联勤指挥中心联网，加强突发事件的应急处置；另一方面整合社区管理力量，坚持发扬“世博”安保平安志愿者工作经验，组织社区管理力量及平安志愿者开展社区联勤巡防。农村地区可探索建立村一级的联勤领导组织架构，组织联勤队员负责村域内社会管理事务，开展联勤巡防，建立健全覆盖农村地域范围的“小联勤”模式。同时将各村的“小联勤”统一纳入街镇层面的联勤体系，通过配备城市综合管理联勤系统手持终端，由街镇联勤指挥中心统一调度指挥，逐步实现社会化管理全覆盖。

（四）依法管理加服务，提升联勤工作水平

联勤工作与传统意义的联合执法不一样，不是以行政处罚为主要目的，而是通过常态化的联勤巡防，及时发现、劝阻、消除城市管理中的苗头性问题。另外，联勤工作涉及多个执法部门，参与人员既有执法人员也有辅助人员，如果把握不当，很可能面临无权执法、越权执法等诸多尴尬。所以，在联勤巡防中，要始终坚持走规范化道路，通过完善联勤行为守则，细化联勤处置流程等，让联勤队员有章可循、有据可依，使联勤工作更加法制化、规范化、标准化。在联勤巡防中各支队伍要互

相配合、互相支撑、互相监督，共同促进执法规范化。对违法行为的处置，必须由有相应执法权限的队员按照法定程序实施，其他队员可以视情协助，但不能超越法律的规定。而“服务”，就是以人为本，在处置方法上，要把以往事后救火式管理向事前服务型管理转变，通过联勤巡防主动发现问题，并及时通过劝阻、教育等形式解决，对无法劝阻的则进行执法整治。

同时要进一步丰富服务内容，拓展服务的深度。如真新街道计划借助城市综合管理信息平台，建立一个网络居家养老与老人关爱服务为主体的服务体系，通过制定服务需求及标准，向社会公开服务内容，购买社会服务的方式组成综合民生服务体系。今后可以逐步将供水、供电、供气、通信、网络、保洁等社会公共服务企业纳入城市综合管理体系，遇到涉及公共服务的城市综合管理事项时，由联勤指挥中心以任务单的形式下派至服务企业，要求其在规定时限内予以落实，并将各企业落实情况作为下年度行政合同续签、行政经费拨付的重要参考依据，充分调动服务企业参与城市综合管理的主动性、积极性，提升综合服务质量。此外，联勤工作今后也可以考虑向来沪人员服务管理、社区矫正、安置帮教等多个方面拓展。

五、嘉定区城市综合管理大联勤机制建设的主要启示

（1）大联勤机制以制度规范建设为基础，保障联勤工作的制度化和规范化。今后在大联动机制建设中加大制度创新，力争将大联勤机制建设纳入规范化轨道，确保机制运行的规范性。

（2）大联勤工作统一技术标准，规范联勤工作的流程，提高工作效率。技术标准和工作流程化是大联勤机制提高工作效率的重要保障。在大联勤机制建设中，将每个管理环节标准化和流程化，大大提高联勤机制运行的效率。

（3）大联勤重心在基层和社区，将基层和居（村）的社区联勤工作做实了，区层面大联勤才有了坚实的基础。基层和社区是城市管理工作的重心和基础，大联勤机制只有做实了基层和社区才能真正地实现其服务民众、联系民众的平台的功能。

（4）大联勤工作范围拓展，将政府以外居民服务的主体纳入大联勤工作平台，为民众提供更好的服务。由于大联勤机制就是个平台，除了由政府为服务主体以外，还可广泛动员各类社会主体加入城市管理和服务中，实现社会协同治理的目标。

第六节　浦东新区周浦镇大联动机制建设情况

一、周浦镇基本情况

周浦镇位于浦东新区中心，总面积43.2平方千米（其中建城区面积13平方千米），下辖社区15个、行政村12个，实有人口21.8万。近年来，随着周浦万达广场、小上海步行街等城市综合体、特色商业街的兴起，商业效应辐射半径达到40千米，吸引了周边6个镇的人群来周浦消费。据不完全统计，当年仅周末一天，到万达广场的人流量就超过10万人次。中大街，形成东西长1.6千米的步行街区，镇中心商业区将超过80万平方米。与此同时，镇域内3平方千米的周康航大型居住区、四高小区导入了大量市区“老上海”和外来的年轻白领，使得人气进一步向这里“集聚”，使历来就素有“小上海”的美称变得更加名副其实。

二、建立周浦镇城市综合管理指挥中心的背景

随着周浦镇城市化进程的快速推进，人流、车流、物流的大增，在经济繁荣的同时，城市管理问题开始凸显，主要表现在：一是快速城市化与管理服务的相对滞后之间的矛盾，具体体现在“有市无场”现象严重；二是人口的高度集聚与城市承载能力相对低下之间的矛盾，城市系统配套的严重缺失；三是区位优势凸显与城市功能定位相对模糊之间的矛盾，城市功能与产业导向还不够协调；四是服务需求的多元化与服务手段相对单一之间的矛盾；五是多层次管理要求与传统式管理相对一元之间的矛盾。主要表现在：一是“黑三轮”车载客问题严重。前几年，镇区街面到处都是电瓶三轮车，它们占据了公交车站、人行道、路口、商场、居民小区等地方。据调查：站在街上1分钟从眼前就驶过10辆左右，镇区大约有2000辆“黑三轮”，其中有一户就有8辆。“黑三轮”泛滥的危害是：交通事故频发，一日内交警处理“黑三轮”碰擦、翻车、逃逸等交通事故高达十几起；扰乱了交通运营秩序，出租车载不到乘客不进镇区、环城公交车乘客减少班次延长，“黑四轮”趁机兴起。二是乱设摊问题严重。在镇区主要干道康沈路、年家浜路、周市路等沿线乱设摊现象突出。在镇中心区域，北至关岳路南到年家浜路约1千米路段的康沈路东侧就有800多个地摆摊位，摆摊从早上约6点到次日凌晨2点，高峰是晚上18点到22点、周末和节假日。乱设摊带来了市容环境脏、乱、差，遍地垃圾成堆；假货纠纷、强卖强买、打架斗殴、店面投诉等问题层出不穷，政府整治过多次但过后又恢复常态。三是治安混乱问题严重。由于以上问题存在，随之而来的街面诈骗、飞车抢夺、扒窃等社会治安问题日益突出。据统计，镇区内街面“110”报警案件数据显示：2009年比2005年上升15%、2010年比2009年上升31%、2011年比2010年上升8.4%；偷盗类2011年比2010年上升7.1%，诈骗类2011

年比2016年上升17.2%，“两抢”类2011年与2010年持平。偷盗“三车”其中有一天报警就达127起，日常警务效率受到严重制约。四是由于老旧小区基础设施不完善，管理不到位，乱搭建、乱种植、乱停车、群租房、入室偷盗等问题比较突出。

上述问题被上海综合频道、浦东电视台、《新民晚报》、《浦东时报》、周康网等媒体进行了多次曝光，居民投诉信件众多。市民的抱怨、文明城镇和“智慧镇”建设的要求，给镇党委、政府在城市管理工作上带来了巨大的压力。想了不少办法，采取了不少措施，投入了大量财力、物力、人力和时间进行过打击和整治，但收效甚微。如整治电瓶“黑三轮”车乱设摊位，2010年至2011年两年内镇综治办协调公安、交警、城管、司法所等单位进行过15次的联合整治，共暂扣电瓶三轮车5120辆，整治取缔乱设摊位2100个，但还是不能从根本上解决这些问题。

三、主要做法及成效

寻找政府管理服务的追求与群众需求之间的有效结合点，提出创新社会管理与公共服务的新理念。根据社会建设的总体要求，市、区领导提出的在维护社会稳定上着力抓好源头治理，在城市综合管理上开展大联动、大联勤的精神，周浦镇党委、政府针对辖区城市综合管理突出的问题，于2011年9月成立了周浦镇城市综合管理应急指挥中心。

（一）主要做法

第一，形成了“综合执法靠联动，长效管理靠网格”的总体思路，建立城市应急管理指挥的统一平台，有效整合辖区内的各类资源，变单兵作战为协同作战。第二，具体运作靠规范。实施以来取得如下的效果：一是搭建平台。镇政府投入资金200万元，建立了城市综合管理应急指挥中心监控平台，工程涵盖监控联网、视频会议、语音呼叫、电话网络等，接入监控探头231个，在万达广场、康沈路步行街等人流、车流密集的地方安装语音呼叫喇叭15个，斥资80万为社保联防和城管队员配备GPS定位系统，并与周浦、周东派出所图像监控室联网，实现了城市管理、交通管理和社会管控的一体化。二是一体指挥。指挥中心直接受书记、镇长和党委副书记领导，配备12名工作人员（其中主任1名、副主任2名），负责监控平台巡视、城市综合管理部件和事件的办理、突发性应急事件的处理和政府值班等工作。成员单位是派出所、交警、城管、工商、网格办、环卫所和司法所等。三是全天受理。开通市民服务热线“58115111”，24小时受理市民关注的各类城市综合管理问题。将镇区划分7个网格，通过对网格部件和事件巡查和视频监控，主动发现，及时处理，将问题解决在居民投诉之前。四是联动联勤。整合城市管理、治安管理等队伍，建立了周浦城市综合管理执法队。常规力量由交警、民警、城管队员、运政队员、社区保安队员等24人组成，两班两运转进行巡查执法整治；应急力量由城管军保80人、联防队员50人组成，处置突发性应急事件。

（二）主要成效

一是联勤联动执法模式有效形成。指挥中心视频巡逻、综合执法队街面整治、治安联防队交叉巡逻的城市管理模式有效形成，全天候、全覆盖地在辖区内对社会治安、交通秩序、乱设摊、违章搭建等问题进行执法、查处、整治。二是“黑三轮”载客和乱设摊点乱象有效遏止。在综合执法队持续打击“黑三轮”载客和整治乱设摊的态势下，“黑三轮”车主被迫自主地进行了分流，有的转了行，有的进了企业，一直困扰政府的头等顽症终于实现有效遏止，如今街面已没有“黑三轮”车，乱设摊点的问题也得到了有效解决。三是社会治安防控体系得到健全。通过联动、应急的模块建设，政府职能部门、各类社会资源得到有效整合与充分联动，有效地遏制了街面违法犯罪的多发趋势。2012年1月至10月，辖区报警类警情同比下降6.2%，其中“两抢”类警情下降53.6%，街面偷盗类警情下降9.3%。一日偷盗“三车”下降到只有2至3起。四是市民出行安全感得到提升。以前市民在日常生活中有“三怕”：步行上街怕偷、开车进城怕堵、出门怕见“黑三轮”，没有安全感；对政府有“三多”：埋怨多、骂声多、投诉信访多，没有幸福感。现在，这些乱象顽症解决后，居民们的安全感和幸福指数明显提高。

三、周浦镇大联动机制运行的主要启示

（一）在城市管理机制上必须要设计创新

一方面，由于当前的城市管理体制并未理顺，条块关系不协调，城市管理难以形成共同负责、共同参与的合力管理机制；另一方面，随着周浦镇城市开发建设的快速发展，人口导入的数量和流动人口呈几何级增长态势。城市管理要紧紧跟上城市快速发展的脚步，就必须要在创新城市管理机制上动脑筋、想办法，才能走出城市快速发展与城市有效管理相适应的路径。

（二）在城市管理手段上必须要一体指挥

城市管理是多部门多项管理的系统工程，要实现城市管理的有效性和长效化，必须建立以统筹协调和全面管理为一体的部门机构，来统一指挥、全面协调城市管理工作，切实解决不同程度上存在的部门交叉、条块分割、职责不清、协调不力的问题，形成统一、协调、高效的城市管理一体指挥系统。

(三)在部门执法处置上必须要大联勤

城市管理的执法单位有多个部门，因没有形成大联动大联勤齐抓共管的局面，各自为阵势必留下执法空档。周浦镇城市综合执法队整合了城市管理的执法力量，全天候巡查执法，全事项检查整治，执法联勤联动模式实现了两个转变：即部门“各自为政”的分散执法向团结协作的“主体合一”转变；事后处置的“被动出击”向事前管理的“主动发现”转变，使周浦的城市执法管理实现了无缝对接。

(四)在城市治理上必须要疏堵结合

为了配合整治“黑三轮”车、乱设摊、乱停车这些乱象，先后开通了1001路、1002路“穿梭巴士”，推行公共自行车租赁服务，共开设33个网点计600多辆自行车，开辟摊位疏导点3个，增设停车场4处，面积约3万平方米。

四、周浦镇大联动机制建设的下一步思路

指挥中心成立时主要是解决面上存在的突出问题，这些问题解决后，将着重考虑指挥中心功能的拓展与扩展。按照“执法处置靠联动，长效管理靠网格”的工作思路，在科技层面上，继续投入经费扩建设备，依靠技防、信息化等手段，在发现问题、反应快速、处置合力等方面进一步做强；在管理范围上，将管理触角向小区、农村地区延伸；在解决问题上，坚持需求导向、问题导向、项目导向，进一步提高全覆盖管理、精细化服务的水平。

五、周浦镇大联动机制面临的问题

（1）整合力量的力度还需要进一步加大。目前指挥中心的联勤联动是各执法部门之间的联动，属于小联动，存在着联动单位范围小、处置事项少等问题，离市领导要求的社会管理大联动、大联勤还有不少差距。

（2）综合执法的法律支撑还需要完善。综合执法队在整治“黑三轮”等执法问题上，法律依据缺乏，还需要完善法律条文。

（3）机动车非法运营的问题。“黑三轮”车问题通过大联动执法整治后得到了解决，但“黑四轮”车非法运营的问题比较突出。针对乱停车堵塞主要干道问题，指挥中心通过语音喊话系统进行驱赶，2012年1—10月共向9717辆车次进行了喊话，但只能驱赶，不能从根本上解决问题。

第七节　城市基层综合治理模式创新的特点分析

综观国内其他大城市基层社会管理现状，也不同程度地存在类似上海城市基层管理中的突出问题。由于城镇化进程加快，大量人口涌入城市，引发资源配置、劳动就业、社会治安等一系列问题。主要表现在：一是公共安全方面问题突出（如刑事案件高发、重大安全隐患普遍存在等）；二是市容环境方面问题凸显（如无证经营摊贩蔓延、违章搭建盛行等）；三是社会管理秩序混乱（私车非法营运、非法办学及非法行医等现象普遍）；四是社会稳定问题突出（各类上访事件、群体性事件频发及流动人口管理困难等），这些严峻的社会问题给大城市管理提出了新挑战和新要求。然而，现实中大城市基层管理体制的问题比较突显，集中表现为条块分割、各自为政、政出多门，条线垂直管理和街镇属地管理之间缺乏联动，相互之间信息缺乏沟通，易产生人为的信息屏障，未形成整体的合力，客观上造成城市综合管理的低效，难以满足当前城市社会综合管理的需要。正是由于以上大城市基层管理体制弊端的存在，往往出现了很多权力边界不清、职能交叉，却无人管理的空白地带，形成治理不到位的盲区。为了解决当前大城市管理中的突出问题，探索适应大城市管理需要的综合管理模式，建构适合地方大城市特色的基层综合治理模式，更好地维护城市正常秩序，为民众提供更好的公共服务产品，城市基层综合治理模式需要从以下几方面创新。

1. 管理理念创新

基层综合治理机制创新以问题发现为导向，以解决民众关切的问题为路径，以满足民众的需求为目标，提高了政府的回应性。基层综合治理机制突出强调主动发现问题，健全矛盾隐患排查机制，可通过日常网格化联勤和小联勤巡防，及时发现、快速处置，突出源头管理、前端管理。实现被动整治转为主动治理，将矛盾控制在萌芽状态，将过去的联合整治由突击开展转变为常态集中，通过条“上”联动、“块”上巩固，有效强化对城市管理老大难问题的长效工作机制建设，掌握社会管理的主动权，满足民众的社会需求，为民众提供有效的公共服务产品。

2. 管理流程再造

基层综合治理机制创新的核心以实现政府组织的扁平化运作，进一步减少政府中间的管理层级、扩大管理的幅度，达到政府与民众直接沟通、互动和服务的目的。基层综合治理机制应逐步打破政府职能边界划分，加强各部门之间的协同合作，强调部门力量整合，缩短政府公共服务与民众之间的距离，为民众提供更高质量，更加便捷的服务，满足民众个性化服务的需求，真正体现政府“以人为本”的价值理念。

3. 治理模式变革

基层综合治理机制以突破原有的条块分割的科层体制局限，快速整合条块资源为目标。城市基层综合治理机制将实现从传统科层制治理向整体性治理模式的变革，通过“条”上资源在“块”上整合，街镇联动指挥中心既有各职能部门授予的部分先期指挥权，也有对街镇各方面力量的综合协调权，能有效改变过去各自为政的局面，实现城市管理中的“多赢”格局，为民众提供整体性的公共服务，提高政府为民服务的能力和水平。

4. 管理方式优化

基层综合治理机制应创新社会参与模式，吸纳各种主体参与城市管理，实现协同治理。基层综合治理机制建设应整合社区保安、社区综合协管以及居委干部、物业安保等各类协管辅助力量和平安志愿者，协助开展城市综合管理工作。同时，动员党员、社区居民（村民）及社会组织等各类社会力量，参与公共安全、公共环境和公共秩序的自我管理、自我服务，并与城市管理大联动平台对接，完善及时发现、及时上报与快速处置的机制，提高城市管理的科学化水平。

5. 管理技术革新

基层综合治理机制创新重视现代化信息技术运用，提高基层综合服务管理平台技术含量和运行效率。基层综合治理机制可以整合各类城市管理监控设施，按照信息共享、资源共享、集约化建设的要求，根据职能部门的需求，区层面统一设置并以租赁方式，按照权限，运用图像监控资源，形成信息采集、流转、处置、反馈的运作流程，实现区、街镇、社区三级网络的串联，联动部门直接的信息共享、接口有序和工作联动。同时，细化以街镇为单位的网格化管理，在多网合一的基础上，注重同网同责。社区层面形成社区网格巡管队，开展违法违规基础信息采集、隐患排查和信息上报工作。所有这些信息的流转、指令的传递、结果的反馈等环节都是通过城区大联动信息网络平台得以实现，信息技术的普遍运用提高大联动机制运行的效率。

综上所述，尽管大城市基层综合治理机制创新路径有多种，但上海区县“大联动大联勤”平台和机制建设为城市基层综合治理机制创新提供了一种路径选择。未来大城市基层综合治理机制创新可在管理理念创新、管理流程再造、治理模式变革、管理方式优化及管理技术革新等方面进行探索，有效整合大城市管理中的各类主体资源，加强各部门和单位之间的协同合作，形成大城市管理中的整体合力，及时反映和协调人民群众各方面各层次利益诉求，为民众提供更优质的公共服务产品，实现大城市社会综合治理的目标。

第五章　城市基层综合治理模式创新面临的实践困境与理论难题

通过实地调研和座谈，充分地了解到上海以大联动大联勤机制为形式的基层城市综合管理模式运行取得了显著成效，主要体现在：一是信息收集便捷，问题排查及时；二是资源整合到位，动员能力增强；三是指挥趋于统一，反应更加迅速；四是运作模式高效，技术操作可行；五是社会成本低，体制冲击小；六是常态管理趋主动，应急管理任务轻等。但城市综合治理模式大联动机制创新中也存在一定的困境，影响了城市综合管理大联动机制建设的有效性和可持续性。为解决这一问题，具体可以从实践困境和理论难题进行梳理。

第一节　城市基层综合治理模式创新面临的实践困境

对城市综合管理大联动大联勤机制的认识不统一，影响大联动大联勤机制功能的发挥。当前，很多部门对"大联动"认识不统一，工作中有畏难心理，将本属于自己部门的事情推诿到"大联动"工作组，增加了"大联动"的工作量。对大联动机制存在多种误解：一是部分职能部门认为大联动是个框，什么都可以往里装，平时轻视职能部门自身的功能发挥，一旦遇到棘手问题就求助于大联动，进而出现弱化本身职能的现象，影响了职能部门正常管理。其实大联动机制解决的是管理部门之间出现职能盲区、职能交叉或疑难问题的区域，不能无限扩大大联动机制功能，否则，大联动机制会产生代替职能部门的嫌疑。二是很多部门对大联动中心地位及其权威性提出质疑。由于现在大联动定位还不明确，职能部门普遍认为大联动中心调动职能部门资源的依据不充分，在工作中易出现消极怠工现象。三是认为大联动是以前的综合执法或网格化管理的翻版，没什么新意。由于上述认识上不统一，在现实联动中，很多部门参与联动积极性并不是很高，对大联动机制建设持观望态度，对大联动机制认同度普遍较低。

大联动大联勤中心的机构定位和人员编制缺乏统一的规范和有效的依据，影响了大联动中心正常运行。首先，大联动大联勤中心是个临时组织，机构化定位不明确，缺乏权威性的依据和规定；其次，其工作人员大部分是借调的，工资人事关系还在原单位，影响了其职务的晋升和未来的发展，挫伤了大联动中心人员工作积极性。如闵行区应急联动中心目前是正处级的事业单位，专职的工作人员主要从其他部门抽调过来的公务员，原定是工作三年，满三年后，要么留在应急联动中心，转成事业编制，要么就回原单位，双重编制情况造成人员结构不稳定，工作人员积极性受影响。中心的领导都属于临时工，借调过来的工作人员晋升考核也存在空白，应急联动中心没有人事管理权限。同时，街镇分联动中心面临人员不够，多为临时工，待遇过低，同工不同酬以及编制等诸多方面问题。大联动平台上大部分工作人员是劳务代理模式，出现了同工不同酬现象，这些因素都影响了大联动中心职能发挥。

大联动大联勤机制运行中缺乏规范的制度和法律保障，大联动工作缺乏应有的权威性。当时，城市综合管理中联动工作很多事项还是靠面子推动，缺乏制度上的支撑和制约，受人为因素影响大。由于当时联动中心还处于试点阶段，大联动机制运行中缺乏有效的规范和制度保障，如联动主体职能界定、联动的流程、联动的方式、联动资源的共享等具体方面缺乏权威的制度规定，导致联动工作主要靠大联动中心领导个人的魅力来推动，而不是靠制度和规范来约束，大大影响了联动单位合作效果。街镇网格中心协调的权威性不够还体现在如对于辖区内的“七所八所”，街镇虽具有指导、协调和监督权，但指挥协调这些部门有难度。对一些涉及职能交叉、边界模糊、规定不明的城市管理顽症，对一些缺乏责任主体的联合执法，职能机构依然存在“出工不出力”的现象。另外，网格化管理考核的权威性还不够。对街道来说，如何加强对相关职能部门存在的执法不规范、执法不力等问题进行监督问责，如何对职能部门人员的考核进一步细化内容和量化标准，以及通过网格管理的数据有效行使街镇的建议权等，这些问题还有待探索。

大联动大联勤执法管理中法律、法规和规章适用方面存在操作性不强的问题。联动单位在城市管理和执法过程中，常常会遇到执法的困境，尤其在群租、车辆非法营运、无证无照经营等方面问题较为突出。譬如对车辆非法营运的认定取证规定，招揽议价、旁证笔录、当事人承认、车辆处于行驶状态四个条件缺一不可，且要证明驾驶员系长期从事非法营运的行为才可以处罚，取证难度非常大，执法效果不尽如人意。在同一类执法管理事项中存在不同的法规、规章解释冲突，市政府文件与职能部门文件规定冲突，职能部门之间文件规定相互冲突的问题。再如，网格员收集信息、前期处置的合法性。网格员在拍照取证采集信息过程中，如遇到公民个人隐私与社会事件信息重合时，应该依据何种法律、如何处置？对于巡查中发现的明显违法现象，在没有执法权的情况下，前期如何处置？另外，还有相关配套法律法规不健全带来的管理困境。那些属于“商定、指定”的案件，往往因网格管理授权不充分、职责范围和处置流程不够细化，带来执法难、协调难等管理困境。这些问题的存在给联动执法带来一定风险，使大联动综合执法行为受到法律的约束，影响了大联动机制的正常运行，增加了大联动工作的违法风险。

联动机制运行中执法力量配备不足问题比较突出。近年来郊区经济社会快速发展，人口大量涌入，但行政执法力量配备较为薄弱，影响了大联动的效果。如截至2011年底，松江区区工商部门人均监管数达到

405户，而徐汇区、静安区分别为232户和100户；在食品监管领域，人均监管户数为44，是徐汇区的4倍，静安区的7倍，全市城管平均配备数为每万人6人，而松江区每万人不到2人。同样的情况，在交通执法、房管、卫监等许多部门都不同程度存在。另外，街镇网格员主要由各类协管等组成，年龄偏大，由于原本分属不同队伍，同工不同酬，所以队伍流动性大，稳定率低。他们的思想素质、工作态度、专业能力参差不齐，与岗位职责要求不相匹配，与城市管理的专业需求有距离。如一些人员因缺乏专业知识，在顽症的处置上方法简单、粗暴，容易使处置陷入僵局。人员不足及能力不够致使综合管理联动中只能注重短期的突击，常态管理成效不明显。

联动联勤中心对联动单位没有法定和权威的监督考核权，影响联动中心对联动单位的有效监督。如何调动联动单位的积极性，成为城市综合管理大联动机制建设中的瓶颈。大联动中心在考核监督联动单位时缺乏有效的抓手，很多条线部门属于市级政府部门主管，难以对其进行有效的监督和考核，联动单位积极性调动缺乏制度性保障。

大联动大联勤在管理的技术方面有很多需要改进，主要表现为网格平台的信息流、数据流未能充分整合利用。街镇网格管理中心的运作，虽然强调了与“12345”市民服务热线、城建“12319”以及社区服务热线等受理服务平台互联互通，但上述平台之间并未实现信息共享，致使街镇网格中心重复接单、重复派单，一定程度上浪费了有限的人力、物力资源。此外，街镇在如何运用网格平台生成的大数据、运用互联网思维对相关数据归纳分析方面，尚需进一步加强和探索。

第二节　城市基层综合治理模式创新遇到的理论难题

一、大联动大联勤的法治思维问题

城市基层综合治理大联动大联勤机制在推进过程中，始终遇到一个根本的问题，即机制的运行体现的是法治思维还是人治思维的问题。尽管城市网格化管理中有了市级层面条例的规定，但在推进过程中，难免受到部分领导的思维干扰。各个区街镇推进的力度不一和取得的成效差异完全与领导的思维和重视程度有关。领导重视，执行程度到位的，大联动联勤机制运行比较到位，解决问题效果较好；反之，不尽如人意。这就给大联动大联勤运行提出疑问，大联动大联勤运行体现的是法治思维还是人治思维？这个问题解决不好，可能会出现机制运行无效的情况。

二、大联动大联勤机制的定位问题

大联动大联勤机制不可能解决当前城市社会管理中的所有问题，它只是城市基层综合治理模式创新的一种模式选择，某种情况下，只是一种流程的变革和权力运行形式的优化而已，很多权力运行的体制问题并没有涉及，比如职能转变、权力下放、审批权力受制等，最多只是外在形式的变化，在基本权力框架不变的背景下，局部的权力运行形式调整，对这种改革的成效不能期望太高，最多只是暂时的执法管理模式的变化。因而，从政府管理体制改革角度来看，它最多只能算是外在面的调整，取得的效果注定是有限的。

三、大联动大联勤机制与现有体制冲突问题

大联动大联勤机制运行是在原有管理体制不变的情况下探索的，自然新的运行机制与传统管理体制之间的冲突和摩擦是不断的，往往由于原有体制的惯性和阻力，大联动大联勤机制时常成为一个空转的平台，很多资源无法整合到位，与原来设定的大联动大联勤目标相差甚远。闵行区进一步推进“大联动+”的模式，将区级垂直管理部门的权力进一步下放、人员队伍进一步下沉，也就是原有体制与现在运行形式不协调不兼容而作的临时性的调整和优化而已，到底有多少成效，还得看未来两者之间的磨合情况。

四、大联动大联勤的成本收益问题

上海各区县、街镇都在按照市里的统一部署加大城市网格化管理平台建设，投入巨资引入信息化网络化技术，建构统一指挥、综合协调、到边到角的信息网，力争将辖区内所有端点通过现代信息技术串起来形成一张不留空隙的基层综合治理管理网格。当前，在网格化管理建设方面，区县、街镇方面，少则投入几百万，多则投入上千万的资金运用在计算机、网络通讯、软件、监控设备等建设上，后续的维护和管理费用也将是一笔巨大的开支。这些巨资的投入到底能带来哪些具体的社会效益，没人去精心测算，给公共财政带来的负担，很少会有人去关注，这也是这个机制在建设和运行中普遍存在的问题。

五、大联动大联勤运行的监管问题

从部分地区大联动大联勤机制运行来看，到底绩效如何并没有统一

的标准，目前的监管基本上还是内部体制内的监管，往往是从上而下的监督，体制外的社会力量及公众的参与路径还是非常有限，很难从外在方面对运行机制形成有效的约束，这也导致难以从根本上确保大联动大联勤机制在运行中做到依法运行、流程优化、成本低廉、效率至高等目标。

六、大联动大联勤机制建设的泛技术主义问题

现在大联动大联勤的综合指挥平台及其基层网络中运用了最新的大数据技术、GIS技术、通讯网络、复杂的软件、高清先进的监控设备等软硬件技术。似乎在某些地方一谈到大联动大联勤就想到引进了哪些最先进的技术和设备，机制建设过程中往往被高科技的设备和软件技术绑架，到底在运行中能发挥多大的效用，很多管理者不是太关心，他们更多地关注外在形式，这是泛技术主义、过度迷信技术功能的消极结果。

第六章　特大城市基层综合治理模式创新的发展战略与实践路径

中央相关会议曾多次指出，要建立源头治理、过程管理、应急处置的社会管理新机制，推动社会管理水平的逐步提高。为此，要稳步推进大部制改革，对职能相近、管理分散的机构进行合并；对职责交叉、相互扯皮、长期难以协调解决的机构进行改革。城市基层综合治理模式可以结合大部制改革的精神，针对大联动大联勤机制运行中的突出问题和困境，从发展战略和实践路径视角健全和完善城市综合治理大联动大联勤机制，推进城市基层综合治理模式创新，实现城市治理体系和治理能力现代化。

第一节　特大城市基层综合治理模式创新的发展战略

在今后推进城市基层综合治理模式创新的过程中，必须从发展战略的高度思考城市基层综合治理模式创新的发展趋势和未来方向。为此，应避免陷入以下的一些误区，确保基层综合管理治理模式创新达到真正推进社会治理，提高基层综合管理水平，保障市民合法权益，提高市民对政府管理的满意度，实现城市治理体系和治理能力现代化目标。

一、过于强化政府的管治思维，而弱化了公共服务的理念

从当前部分区探索“大联动+”模式的实践来看，普遍存在扩大城市网格化管理的功能，除了将城市市容执法管理纳入以外，还将社会治安、基层维稳、人口管理、公共安全等职能纳入其中，上下织成一个庞大的网，将辖区内的人、事、物全都网进来，使大联动成为一个“筐”，啥都往里装。从大联动的性能来看，典型的强调政府自上而下的管治，最好将辖区内所有的资源都能管控起来。从社会发展趋势来看，今后不应过于强化管治思维，而弱化为市民的公共服务，特别要防止借服务之名，加强对社会的管控，这与历史发展趋势是不相适应的。

二、过于减轻区级政府的负担，而增加了基层的责任

经过调研发现，部分区域借综合治理模式创新之际，极力推行将问题解决在居（村），将区层面的资源下放，将队伍下沉，特别强调居（村）委的前端发现和管理的责任。从法理上来看，居（村）委是群众自治性组织，理论上应当为市民提供更多的服务，如果过于强调基层居（村）委的社会管理责任，会不会增加基层的负担和责任，会不会给居民的服务带来消极影响，这是深化推进大联动机制过程中必须要思考的方面。

三、过于强调政府的行政力量，而忽视了社会力量的参与

就当前网格化和大联动大联勤机制建设实践来看，更多的是强调政府的行政力量如何下沉，部门之间如何互动、如何联动，至于网格化管理中如何发挥社会力量、如何培育社会力量方面的问题讨论得不多，这

也使得网格化管理和大联动大联勤机制推进中往往是政府部门在吆喝，社会主体和市民的积极性和参与度并不高。这种政府一家独大的局面如果不解决，基层综合治理模式创新就缺乏了重要辅助力量。

四、过于突出权威行政手段，而忽视了法制的规范功能

当时，各区在推进网格化和大联动大联勤过程中，基本上是靠人和行政手段推动。2014年市委一号课题实施以后，部分区领导非常重视，推进的速度大大加快，通过权威的行政手段和惩罚措施强行推进城市基层综合治理模式创新，至于这种“大联动+”的模式能走多远，尚且难以定论。在今后推进网格化和大联动大联勤过程中，需要发挥法律制度的作用，将法治理念和法制思维融入到基层综合治理创新中去，避免过于重视行政手段的速度和效率，而忽视法律制度的公平公正性和规范性，进而影响基层综合治理模式创新的进程。

五、过度重视权力的运用，而忽视了公民权利的保护

在推进网格化和大联动过程中，在运用权力的同时，容易忽视公民权利的保护，主要表现在为了加强城市管理网格化，大街小巷装满监控设备，在进行城市管理信息收集和追踪中，如何设定好权力的边界，避免权力侵犯了个人的权利。这也是今后城市网格化管理与大联动大联勤机制推进中需要深入思考的方面，避免过于重视权力的运用而忽视公民权利的保护。

六、过于依赖技术手段的作用，而忽视了制度和文化的培育

当时，网格化和大联动大联勤机制推进中，“一窝蜂”地出现重视

最新的通讯技术、网络技术及先进的监控设备的使用，对技术的过度依赖，最后给人感觉网格化管理就是建立先进的技术平台和网格，而忽视了背后的制度和文化建设。其实，网格化管理运用再先进的技术，如果没有文化和制度的支持和保障，技术永远就是个摆设品，难以真正发挥其应有的作用。

总之，从城市基层综合治理模式创新的发展战略的高度来看，应做到强化公共服务的理念与弱化政府管治思维的统一；做到在区级政府的放权与基层居（村）委的责任承载能力的统一；做到强调政府的行政力量与社会力量积极参与的统一；做到突出权威行政手段作用与法制规范功能发挥的统一；做到重视权力运用与公民权利保护的统一；做到依赖技术手段的作用与制度和文化的培育相统一。只有这样，才能真正从战略高度，加强顶层设计，谋划基层综合治理模式创新未来发展的思路。

第二节　特大城市基层综合治理模式创新的实践路径

今后在推进城市基层综合治理模式创新的过程中，大力推进城市网格化管理，进一步完善大联动大联勤机制，在避免以上几种趋势的情况下，解决好复旦大学竺乾威教授提出的三大问题：一是如何在进行网格化管理中把这一管理与公民社会的建设结合起来，不断提高和扩大尤其是基层的自治性管理，变政府管理为自我管理；二是政府管理社会和提供公共服务的方式的多样化问题；三是网格化管理尤其是信息技术的运用需要同人文关怀结合在一起。[①]为此，可从以下几方面为基层综合治理模式创新提供路径选择。

① 参见竺乾威：《公共服务的流程再造：从“无缝隙政府”到“网格化管理”》，《公共行政评论》2012年第2期。

一、坚持法治思维和权利理念为指导，加强城市基层综合治理模式的顶层设计

在“依法治国”的大背景下，必须运用法治思维来指导城市基层综合治理模式创新的过程。在推进城市网格化和大联动大联勤机制进一步完善的过程中，加强顶层设计，推进城市管理的法治化进程，平衡好城市管理与市民权利保护之间关系，从网格化管理平台的功能、流程、考核、技术标准等环节加强规范化，将提高公共服务和市民权益保护结合起来，使网格化管理与大联动大联勤机制成为政府寓服务于管理中的平台，成为保护市民权益载体。当前，加强城市基层综合治理大联动机制建设的顶层设计，从制度上和规范上明确大联动的功能定位，为大联动中心建设提供制度保障。从法律法规上将大联动机制定位于信息研判、资源共享、部门联动、快速反应、监督考核和民众回应等功能，赋予基层政府大联动中心的合法性和权威性，明确大联动中心在城市综合管理联动的职能，为大联动中心功能发挥提供制度保障。

二、拓展城市网格化管理的功能，更好地发挥基层综合治理平台的管理和服务功能

当前，根据城市发展和社会管理的需要，拓展城市网格化和大联动大联勤的前景和功能，可以推广部分区县提出的“大联动大联勤+”的模式。一是新机制内部延伸。“大联动大联勤+”的新模式不仅可以用于狭义的城市管理和城管执法，其中蕴含的管理理念、运用的管理方法和搭建的技术平台，同样适用于其他社会领域的管理，有着普遍的推广意义和广阔的拓展空间，比如可用于基层社会治安综合治理、公共安全（防火、地下空间、社区安全等）、社会保障、学生课外活动、社区风险

前端管理等领域，目的是提高政府社会管理和公共服务水平。二是新机制外部推广。目前看来，“大联动大联勤+”的模式对于特大城市的中心城区、郊区的城市管理都有重大意义，这可能将使特大城市面貌大大改观，城市管理成本大大降低，一定程度缓减劳动就业压力，从而引发新产业的诞生且产生良好的社会效益和巨大的经济效益。这个机制的外溢功能还需要在城市基层综合治理模式创新过程中进行探索，最终发挥城市管理综合平台的更大效用。

三、加强制度和规则的设计，提高城市基层综合治理的规范性和有效性

在推进基层综合治理“大联动大联勤+”的模式过程中，将制度和规则的设计放在基础的地位，当前可以从以下三个方面着手，推进“大联动大联勤+”的新模式。

一是加强统一制定“大联动大联勤+”的机制运行的规范和流程。明确大联动大联勤中心在综合管理中具体事务运行的权力，提高其应有的权威性，真正发挥其信息共享、资源整合、部门联动等方面功能。完善各项法规和制度，明确大联动运行过程中的程序和机制，解决当前在大联动过程中调动资源时重人为因素的问题，更好地发挥机制本身的规范性功能。

二是厘清责任和权力清单，强化法治意识。（1）厘清网格化管理中职能部门的责任和权力清单。细化落实网格化管理责任，梳理各职能部门的责任清单和涉及执法内容的权力清单，包含职权编码、职权名称、执法依据、处罚依据，将之公布于政务平台，增加城市综合管理的透明度。（2）强化网格员、执法人员等依法办事的理念。对无证经营、跨门营业、违章搭建等城市管理顽症，要细化执法主体，明确管理职责，提高快速发现能力、处置能力和基层执法能力。（3）营造法治氛围。通过

居民公约、业主公约、行业守则等自治公约，营造执法、信法、守法、用法的社会氛围，强化规则意识、倡导契约精神，引导居民依法依规自我管理。

四、建立健全考评体系，强化责任落实

1. 建立健全效率、效果、效益等评价指标体系

用效率指标衡量网格员和各职能部门的工作量，根据问题发现率、流程准确率、问题处置率、疑难问题协调率、突发事件反应率、纪律作风良好率等“X”业务办理效率考核标准，激发管理主体主动发现、处置问题的责任意识。用效果指标衡量网格化管理产生的结果，包括监管（市场秩序和市容秩序）、公共服务、公众满意率（“12345”的万人报案率、结案率、综合管理满意度以及公众参与便利度）等。用效益指标衡量网格化管理产生的社会、经济、环境等效益。在此基础上建立区级督察组，实行半月或一月一次不定点或定时地对网格化管理效能进行督察。

2. 健全考核机制

建议由区绩效办牵头，监察办、区委督察室、公务员管理局联合制定具体的量化考核标准，扩大街镇对职能部门派出机构负责人的话语权，增加街镇对“七所八所”年度考核分值的权重，结合任务清单派发、处置情况、综合管理满意度，用客观数据考察派出机构负责人的工作态度、工作效能、整改情况等。对已下沉到街镇，但人事权仍在区职能部门的执法人员，建立有利于个人发展和绩效优化的奖惩机制，将考核的内容集中在群众关注的城市管理顽症上；建立每年10%执法力量间的交流机制，激励个人发展、团队协同。

五、加强专业人员的培训和教育，提高城市管理的专业化和职业化水平

就国际上来看，城市管理是一门专业性很强，职业化水平很高的职业，这对管理人员的要求比较高。而我们当前在基层一线从事城市管理的工作人员普遍存在学历低、年纪大、专业水平低的现象，这大大影响了城市管理的水平。为此，要提高城市管理人员的专业化水平和职业素养。当前，要提高网格员队伍的专业化水平。在政府财力许可的情况下，逐步解决整合后各支网格员队伍同工不同酬的待遇问题，这是提高其工作责任心和实效性的重要保障。定期开展培训，建立常态化经验交流机制，使网格员掌握相关专业管理知识和技能。打破网格化管理仅仅是信息平台的认识误区，网格化管理中要求城市管理人员要坚持以人为本，依法办事，尊重人的基本权益。

六、广泛动员社会力量参与，将城市管理与社会自治结合起来，保障城市基层社会管理主体多元化

根据历来体制机制改革的经验，若没有市民、社会组织等社会力量参与，改革则难以持续。为此，可实现城市基层网格化管理主体的多元化，拓宽社会化参与渠道。在建立职业化认定、岗位设置、政府购买服务、工作评估等制度基础上，根据“一岗多责、一专多能”原则，整合网格员、基层党员、社区志愿者、社会组织等，建设网格员工作梯队，实现网格化管理主体由单一化向多元化队伍转变。同时，可以加强党建引领，促进源头治理。以区域化党建为引领，在居民区（园区、轨交、商户间）建立“小联勤”机制。发挥社区党组织作用，引导业委会、物业公司、社区社会组织等通过“居规民约”“小联勤”“零报告”机制参

与社区自治共治；依托区域党建促进分会，协调督促园区、轨交、商户等区域单位、“两新”组织落实门责制度、参与志愿者服务。另外，可将城市管理与开展文明创建相结合，提高人文素养。网格管理的有效性主要取决于网格中人的文明素养和居民的自治意识。因此，可广泛开展文明单位、文明社区、文明家庭等创建活动，引导企事业单位、社区、个人自觉自愿地参与城市的综合管理，积极维护社会公共利益和社会秩序。

七、将技术改进与人文关怀、权利保障结合，使城市管理更加人性化

在推进基层综合治理模式创新过程中，应增强“互联网+”的思维，有效运用网格化管理大数据。一是实现横向网格单元之间和纵向层级网格之间信息的互联互通。建议制定全市统一的数据结构、数据内容、数据编码、数据交换和系统接口等技术规范，将“12345”市民热线、“12319”城建热线、“962121”物业服务热线与市级网格中心并线处理，实现信息互联互通，避免案件的重复派单、资源浪费。二是建立关于顽症管理的案例库与数据库。及时记录突发的、新的涉及居民切身利益的城市管理顽症，借助流程再造，梳理顽症管理的工作步骤和程序，规范管理行为，提高管理效能。三是建立城市服务数据库。利用街镇网格中心信息平台的信息收集功能，及时分析、整合辖区内居民的服务需求信息，建立公共服务供给的决策数据库，真正将“寓管理于服务”落到实处。总之，通过网格化管理技术的升级，提升城市管理的现代化水平，让技术真正服务于市民权益保障和人文关怀，使得城市管理更加人性化，城市更加宜居。

总之，新时代的社会治理正在发生一些值得注意的重要变化，其具体表现是：社会治理的主体由单一的政府向多主体、多中心转变；社会

治理的手段由平面社会向网络社会转变；社会治理的目的由工具理性向价值理性转变。我们应以理性客观的态度来看待城市管理的网格化模式，处理好“网格管理”与“政府治理”，“网格管理”与“社区自治”之间的关系，寻找“政府社会治理”与“社区自治”之间有效的联结点，调适好“国家”与“民众”间的距离构造。[①]所以，我们应广泛吸收市民、社会组织等主体参与城市基层管理，特别是积极发挥社区主体、社会组织在基层社会管理创新中的重要作用，鼓励它们承担更多的公共服务，努力营造官民共治的社会治理格局，实现城市治理体系和治理能力现代化。

① 参见田毅鹏:《城市社会管理网格化模式的定位及其未来》,《学习与探索》2012年第2期。

第七章　精细化管理背景下的上海基层综合治理模式最新探索

2017年3月，习近平总书记在参加全国人大会议上海代表团审议时提出，对于超大型城市的管理应该像“绣花”一样精细。精细化理念逐步深入人心，其意义就在于坚持以人民为中心的发展思想，补齐社会治理的“短板”，实现治理效果不断优化。

2018年1月上海开始实施“三年行动计划”，切实加强社会治理和城市精细化管理，其目的是到2020年，上海在城市设施、环境、交通、应急（安全）等方面的常态长效管理水平全面提升，市民对城市管理的满意度明显提高，城市更加有序安全干净、宜居宜业宜游，生活更加方便舒心美好，成为最有序、最安全、最干净、最有温度的城市之一。要实现“三年行动计划”目标，提高城市管理精细化水平，上海市关键是要把握“一个核心”，以“三全四化”为着力点，推进“美丽街区、美丽家园、美丽乡村”建设。“一个核心”，即城市管理的核心是人，目前及未来的城市管理应坚持以人为本，了解市民需求，回应市民呼声，解决市民切身问题。“三全”，是指全覆盖、全过程、全天候。全覆盖，就是要把精细化管理要求覆盖到各个空间、各个领域和所有人群。“四化”，是指法治化、社会化、智能化、标准化。其中，法治化是城市管理的根本保障。要善于运用法治思维和法治方式解决城市治理顽症难题。社会化，是城市管理的重要基础。要加强社会化协同管理，夯实街镇网格化管理平台，完善群众广泛参与机制。智能化，是城市管理的重要手段。应更多更广泛地运用包括互联网、物联网、大数据、云计算等现代科技手段，加强基础数据库建设，做到信息共享、实时感知、智能管理，以此提高城市管理的效率和水平，推进城市管理制度、模式创新。标准化，为精细化管理提供依据和标尺。要建立健全城市管理标准体系，聚焦技术标准、管理标准等领域，逐步实现城市管理标准的全覆盖、精细化、高水平，用精细标准推动精细管理。上海在实现城市精细化管理中，在网络化管理基础上不断探索基层综合治理模式的创新，其中，浦东新区探索城市运行综合管理中心——“城市大脑”的管理模式及静安区临汾街道探索“社区大脑”的治理模式。

第一节　浦东新区城市运行综合管理中心的建设与创新

一、浦东新区城市运行综合管理中心

浦东新区城市运行综合管理中心（以下简称“浦东新区城运中心”）位于浦东新区迎春路520号，浦东展览馆内，建筑面积6千平方米。浦东城运中心是为响应习总书记于2017年3月5日在参加全国人大会议上海代表团审议时提出的“上海要走出一条符合超大城市特点和规律的社会治理新路子”新要求，而打造以城市管理科学化、智能化、精细化和法制化为总体目标，覆盖“全行业、全区域、全时段”的城市运行综合管理平台，于2017年9月4日试运行。通过城市运行综合管理平台建设，整合集中常态城市管理和非常态应急管理信息资源，推动城市网格化管理与社会综合治理的深度融合，构建条块联动、条条协同的一体化社会治理体系新格局，探索浦东城市管理运行创新发展的社会治理新路径，全面提升浦东新区社会治理和城市运行综合管理水平。

浦东城运中心建立了“横向到边、纵向到底”的组织架构。从纵向上看，浦东城运中心的领导机构是浦东新区城市运行综合管理领导小组（浦东新区城市运行综合管理领导小组办公室是其常设机构），全区设1个区城市运行综合管理中心，36个城市运行综合管理街镇分中心（下设联勤联动站和村居工作站）、3个城市运行综合管理特定区域分中心（下设联勤联动站）。从横向上看，共有25个区委办局、4个开发区委员会、19个公司企业作为城市运行综合管理承办单位。

浦东城运中心整合了“110”报警、“119”火警、“120”急救、“12345”市民热线、浦东e家园等与城市管理和安全运行相关的部门（单位）管理类资源，并依靠信息技术的支撑，实现了“运行状态一个界面、视频监控一张网络、地理信息一张总图、移动应用一个终端、信息共享一个门户”，在城市运行管理中心发挥运行监控中心、信息汇聚中心、运行监控中心、监督指挥中心、联勤联动中心、数据共享中心的功能。按照“多种平台合一，多项任务切换”的原则，实现平急结合、综合管理、运转高效的目标。

浦东城运中心通过指挥长负责制、平急融合机制、联席指挥机制、联勤联动机制、三级督办机制等具体机制建设，整合了常态城市管理和非常态应急管理信息资源，实现了城市网格化管理与社会综合治理的深度融合，构建了条块联动、条条协同的一体化社会治理体系新格局。

二、浦东新区城市运行综合管理中心的基本特征

（一）通过内部整合和外部引入保障浦东精细化管理的科学性

精细化管理首先应该是科学化、智能化的管理，而实现管理的科学化、智能化必然要依托丰富的数据信息和先进的信息处理技术。为此，

浦东新区城运中心一方面通过内部整合，集合了公安、火警、急救、市民热线等与城市管理和安全运行密切相关的管理类资源，整合了人口、环境、监控等各类数据资源，构建形成了共建共享、动态更新、综合利用的一体化数据平台。另一方面，坚持对外开放，引入了若干外部研究机构和企业，充分发挥外部机构在云计算、大数据、视频融合、智能分析报警等方面的技术优势，以促进浦东精细化管理的科学性和智能化。

（二）通过平急融合和平急转换保障浦东精细化管理的全时性

对职权模糊、地域不清的疑难事项，主动与市级业务部门对接，通过协调会等方式，厘清责任、明确边界、协商对接、托底处置，力争案清事明，杜绝推诿扯皮。一般工单由平台值班长下发二级平台，较复杂的工单经联席指挥室负责人协调后派发相关承办部门和二级平台。对于职责交叉、问题属性不清、执法边界模糊、媒体关注度高、市民反映强烈、区领导明确批示等事项，一时找不到承办部门，无法实施处置的，升级为平台指挥长督办；经反复多次协调没有解决的，升级为城运中心主任指定督办；相互推诿扯皮无法彻底解决的，由区委区政府督查部门与纪委监察局“三位一体”集中督办。

（三）通过联席指挥和联勤联动保障浦东精细化管理的全局性

平急融合和平急转换是浦东城运中心的重要创新之举，设立了防汛防台、安全生产事故救援、社会安全突发事件、公共卫生突发事件、环境突发事件、其他突发事件6个专项应急指挥部，防汛指挥中心、安监局、城管执法局信访分队、应急办、“120”急救调度中心、网格中心等都是城运中心的整体入驻单位。常态下，以网格综合管理为依托，对辖区范围内“人、物、事、情、时、地”六大要素和“客流、车辆、气候、环境、交通和社会治理”六个领域运行状态进行全时空监测，一旦发现敏感异常情况，就根据《浦东新区城市运行综合管理平急转换工作方案》操作规程，迅速转为非常态应急指挥。

(四)通过市区对接和派单督办保障浦东精细化管理的实效性

全面整合城市管理、市场监管、街面治安、防汛防台、安全生产等各领域管理职能和资源力量，将网格中心、应急办、安监局、“120”急救调度中心、防汛指挥中心、城管执法局信访分队6个部门（单位）作为整体入驻单位，将公安分局、城管执法局、市场监管局、建交委、环保市容局、卫计委、规土局、教育局等8个部门作为派驻单位，8个部门各派驻1名业务能力强、责任心强、综合协调能力强的处级干部常驻城运中心，组成“联席指挥室”，由指挥长负责、联席指挥，重点解决疑难复杂事项和突发事件联动处置，明确责任主体，实行高效指挥，实现快速处置，体现综合治理，确保整个区城运体系运行顺畅。

三、浦东新区城市运行中心发挥“城市大脑”的功能——增强城市管理问题感知能力和研判能力

浦东新区城市运行中心“城市大脑”整合了109个单位、431个系统、308万智能水电气表、近4万物联感知设备、11.8PB（拍字节）海量数据，可以起到自动识别各种问题，迅速整改的作用，实现24小时智能化管理。

浦东新区城市运行综合管理中心自成立以来，综合运用大数据、云计算、人工智能等技术，与物联网、视联网、数联网等感知平台对接，建设了完善的“神经元系统”，增强了对群众需求和城市管理问题的感知能力，也增强了对城市运行趋势和问题演化的研判能力，以及对城市各类事件和疑难问题的处置能力，全面提升了浦东治理体系和治理能力现代化水平。如建设工地安装24小时智能监控探头，能通过视频识别技术，识别进出工地的人员有没有戴安全帽，渣土车有没有冲洗和加盖等

情况，这就避免了原本所需的大量人力投入。一旦发现违规情况，智能设备就自动抓拍和记录。

在常态管理基础上，浦东还开发了一系列专项管理模块，更精准地满足群众需求，更高效地解决城市管理顽症。其中，“12345”市民服务热线模块汇集了多个渠道的群众诉求，系统自动对排名靠前的诉求实时抓取，并形成管理建议，推送给相关管理部门。比如挪车、噪音扰民等要求，即知即办，5分钟内作出反应。另一类是不满意工单，均要求二次办理或上提一级处理，以“群众100%的理解和认可”作为销项依据。

如高效解决了共享单车现实中出现的问题。在解决群众出行“最后一千米”方面，浦东城运中心与在新区运营的6家共享单车企业共同开发了协同治理平台，在供需预测、区域调配、停放管理等方面进行了探索。通过共享单车协同治理平台，热力图实时呈现了单车分布情况，每一个街镇的单车数量和泊位数一目了然。当供需失衡时，系统自动报警，并推送给单车公司和属地城运分中心，进行搬离或者补充，从而解决单车的合理投放问题。有序的共享单车，不仅方便群众出行，也能够成为城市靓丽的风景线。

总之，“城市大脑”在城市设施、环境等多领域研发了50余个智能化场景，来落实城市精细化管理。在数据上，实现了归集、共享和应用。在流程上，以“智能推送、闭环管理”，来推动传统管理流程再造，提高处置效率。同时，浦东新区正全面打造智能化“城市大脑”，构建区中心—街镇（特定区域）分中心—联勤联动站—居（村）工作站四个层面的城市运行网格化综合管理体系，构建密布的“神经元”系统，全面提升社会治理和城市运行综合管理水平。

第二节 静安区临汾街道精细化管理模式的实践与创新

一、静安区临汾街道社区概况

上海市临汾街道位于静安区（原属于上海市闸北区，静安区和闸北区于2017年合并为静安区），始建于20世纪八九十年代，2018年该街道辖区面积为2.12平方千米，人口8.3万人，包含了3.2万户家庭，38个小区和20个居委会，是一个住宅小区集中的成熟社区。临汾路街道辖区内无大型商业广场、无商务楼宇、无大型地铁站等公交枢纽，是一个纯居住社区，人口较多，风险隐患的直接指向更多的是居民群体。另外，从年龄结构上看，社区内老年人口较多，老年人口占到40%以上，有些老年人居住于3楼以上，上下楼很不方便，成为“悬空老人”；有些老人长期独居，日常起居无家人照料。从生活习惯上看，随着私家车越来越多，停车难问题日益明显，争抢车位产生的矛盾时有发生。同时，社区居委会借美丽家园工程，通过消减绿地增加车位的做法，也引发了居民的不满。新能源车，包括各类电瓶车私拉电线充电产生的消防隐患依然存在。在围墙外，大部分商业为沿街店铺，为规范经营，街面管理人员有时会与店家因垃圾、跨门经营、电瓶车占道充电等问题发生矛盾，甚至上升为信访案件等产生诸多影响社区公共安全的问题和隐患。临汾街道在推进社区精细化治理过程中，发现社区公共安全面临着风险种类繁多，风险隐患点分布广泛，仅靠传统人力排查、监管的老办法难以达到城市管理“像绣花一样精细”的要求，也无法满足民众对美好生活的需求。临汾街道率先创新，坚持以人为本，在实践中积极探索社区精细化治理实现路径，依托街道原有城市网格化中心，进行技术革新，升级改造，以建设“社区大脑联合指挥中心”项目为重点，落实社区公共安全风险防控和社区治理工作。

二、临汾街道社区精细化治理的探索

（一）搭建平台、综合管理：建立“社区大脑”联合指挥中心

一是建立以“社区大脑”联合指挥中心（以下简称“‘社区大脑’中心”）为枢纽的综合性指挥平台。临汾街道“社区大脑”中心是原街道城市网格化管理中心的升级版，它把网格中心、综治中心、应急中心、物管中心、民生保障中心的职能和工作人员加以整合，同时，集中了派出所、交警、城管、市场、市容、环卫和房办等七个职能部门联合办公，各条线力量便于联合出击，协同作战，充分发挥联勤联动的处置作用，实现精准指挥，提高管理效率，打造了能分析、能判断、能指挥、能协调、能处置的社会治理平台。

二是健全以街区网格为关键的实体执行平台。临汾街道为更好完成综合类处置任务，在区网格划分的基础上，根据街道人、物、资源等要素分布的实际情况，划分了四大街区，并以此组建了四个街区工作站，主要完成对市容环境、门店门责、小区环境、社区安全、道路交通等问题的发现、处置与跟踪任务，负责分析解决本网格的市容、治安、城市管理等社会治理问题。按照“人进网格、责任到人”的要求，将各职能部门和条线队伍下沉到街区网格，实现常态化管理和服务，真正落实“全方位、全要素、全时段、全覆盖”的精细化城市综合管理要求。

三是完善以居民区网格为基础的辅助工作平台。在居民区层面，按照党建“三三制”划分了三级网格组，由居民区党总支书记担任大网格组长，居委会主任和社区民警担任副组长，物业公司经理、业委会主

任、义务干部作为骨干成员，搭建社区共治平台。然后按照基层党支部划分次网格，一个党支部作为一个次网格。以楼组为基石的党小组为小网格，即此，在居民区形成三级网格平台。对于楼栋堆放杂物、私拉电线充电、侵占消防通道等存在安全隐患的问题，支部小网格精确聚焦，即查即处，将小区管理矛盾和问题化解在基层神经末梢。以物理空间为基础以及组织联系为脉络的楼组小网格—支部次网格—社区大网格三级辅助平台将党建工作和社区治理相结合，这样能够覆盖社区公共安全风险防控范围，将工作落实到细节和实处。

（二）多元参与、有效供给：社区治理主体多元化

一是党建引领。临汾街道积极创新机关党组织设置，围绕“三公”职能把机关党员组织起来。党工委率先打破按身份和编制设置机关党组织的传统壁垒，紧紧围绕街道“三公”职能，成立了新的机关党总支，下设“公共管理”“公共服务”和“公共安全”三个党支部，促进机关党员干部围绕街道中心工作创先争优。公共安全党支部在建立后4个月内啃下了“三合一”场所整治这块“硬骨头”，2017年临汾居民安全感、满意度测评位列全区前列。在居民区层面，形成了“1+5+X”资源整合型党建工作模式，“1”指的是社区党总支书记，“5”指的是“居民区党员主任、党员民警、业委会或物业公司党员负责人、区域单位党组织负责人、群众团队党员负责人”，“X”指的是与居民区工作相关的其他各种组织和力量，然后通过将“支部建在楼上”的“三三制”工作平台发挥党员带头作用，同时整合资源将矛盾问题化解在基层，缩短“管理路径”。

二是政府主导。静安区政府是临汾街道创新公共安全治理“最坚强的后盾”，在政策支持、资源下放、财政补给、统一协调、监督考核等方面对临汾街道进行供给和指导。街道办作为区政府派出机构，虽然不是一级政府，但实际上承担着一级政府的职能，临汾街道统筹负责辖区

内公共安全治理各项事宜。各职能部门被赋予实际执法权，在解决实际问题中能够依法行使权力，及时处置问题、解除隐患。街道对各社区居委会任务落实情况进行监督考核，综合评比，督促治理绩效的提高。

三是部门整合。为提高应急响应与处置能力，“社区大脑”指挥中心把各条线执法力量整合集中办公，打破以往各职能部门各自为阵、单打独斗的局面，实现在“社区大脑”指挥中心下统一汇集信息、派发工单、跟踪处理、绩效考核、督促办理、指挥协调。各职能部门既能够充分发挥专业优势，处理专业化、单一性问题，同时部门整合为有效进行信息沟通提供了前提和基础，在处理综合性、复杂性问题时因为具备街道的整合力量，所以能产生聚集效应，实现全过程协同配合。

四是政企合作。首先，临汾街道采取购买服务的方式委托静安区首批认定的重点大数据企业——上海数据交易中心有限公司积极研发信息技术，助力临汾街道社会治理创新，打造城市网格化管理的升级版。上海数据交易中心等一些信息技术公司为临汾街道开发了“社区大脑”指挥平台等系统，通过智能化技术接入绝大部分城市部件和全部城市事件管理数据。上海数据交易中心掌握着丰富的数据资源，通过其运算研判，帮助临汾街道进行战略决策，提高治理工作的科学性和精准度，尝试解决社区公共安全源头性、根本性、基础性问题。其次，临汾路街道根据自身实际情况合理规划4个街区后，为保证常态化的风险防范落实到位，以招投标的方式专门聘请了上海沁珏物业管理有限公司为其提供专职化街面网格巡查员，8名网格员分属4大街区，对街面进行全区域、全过程、全时段的巡查，发现问题及时上报。这些人员先要接受“社区大脑”指挥中心的培训，培训内容包括熟悉街道路况和地理位置、具体上报哪些问题、怎么上报（拍照角度、问题分类、地址选取、问题准确描述），了解每个街区的特点以及哪些问题频发等。最后，区网格派遣监督员对其进行二次培训，传达区级督察的标准和要求，提高问题上报的质量。网格巡查员服从“社区大脑”指挥中心派遣，并接受其监督考核。

五是公众参与。在社区层面，由党员、楼栋骨干、热心居民所组成的志愿者团队开展“防火、防盗、防矛盾激化”的群防群治常规性工作，对社区每天进行定时巡查，及时排查风险隐患，发现矛盾纠纷，通知物业公司和居委会协商解决；临汾街道又派出2名街道社工和2名市场公司人员对小区进行叠加式巡查，力求巡查范围不留死角、不留缝隙。在居民个体层面，居委会建立了“两代表一委员”制度，将每月第三周周四设为接待日，倾听民声、传达民意、汇聚民智，要求代表委员对于居民反映的问题和意见要及时跟踪督办，并将办理情况反馈给居民。临汾街道积极开设“美好临汾”微信公众号，“民呼我应”是街道专门为居民反映问题、建言献策所提供的重要渠道，便于了解居民心声、接近居民真实利益诉求，并有网格化中心人员主要负责解决。居民还可以通过“12345”热线等渠道反映自身诉求，最大程度上实现社区居民的切身利益。

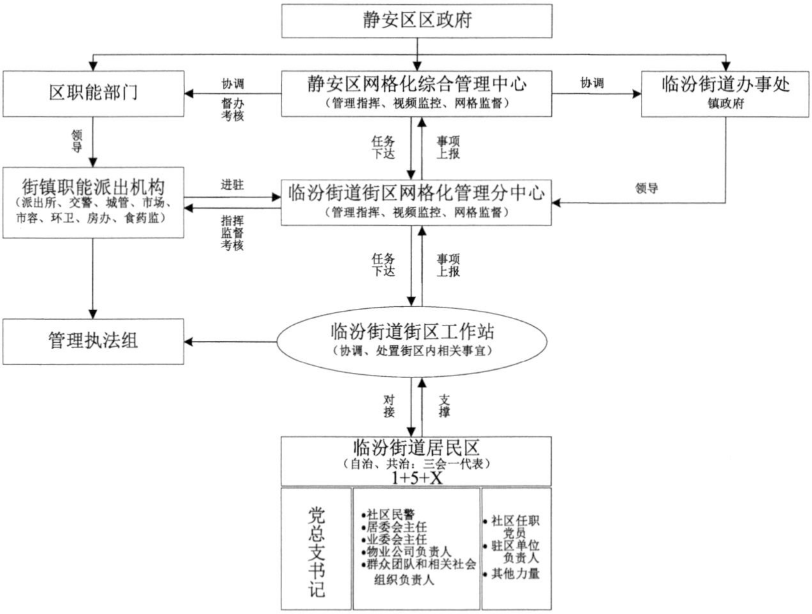

图7-1 临汾街道社区综合管理示意图

(三)工具协同,多重保障:提升社区问题的识别能力

1.三位一体的“物联—数联—智联”应用

临汾街道“社区大脑”指挥平台充分使用了传感器的“物联”和大数据运算平台的“数联”，最终形成了有智慧的“智联”系统，物联、数联、智联三位一体，为社区安全精细化治理提供了技术支持。首先，最底层是“物联感知层”，由铺设在街道各个角落的不同类型的物理传感器设备组成，这一层负责按一定的规则采集和传输各种类型的数据，如果说传统视频监控是管理的眼睛，那么现在的传感设备就是遍布街道体内的神经末梢；中间层是“数据运算层”，主要负责对采集的数据进行汇集和加工处理，同时与街道原有的业务系统，比如城管通系统、工单系统等进行数据交换与融合，是产生智慧的核心；第三层是“数据展示层”，以可视化的方式将重点关注的数据经过运算处理直观展示出来，在对这些实时数据进行判断、分析以后有序开展统一指挥和协同工作。神经末梢不断对数据进行采集，经过大脑运算和判断，再通过可视化的方式展示出来，真实反应临汾街道各部位“健康状态”。如图所示：

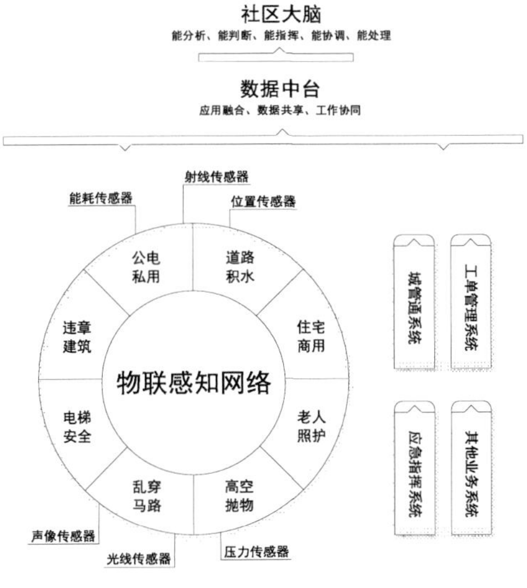

图7-2　“社区大脑”指挥平台技术应用层示意图

2. 数据共享、信息集成

在“社区大脑”指挥平台展示屏上显示的“今日事件汇总”信息，是多元数据的沉淀和消化，可以全面综合地反映街道辖区的实时运行情况，是街道开展日常治理与服务工作的基础。“今日事件汇总”的总览数据来源于三个部分：第一部分是汇集了五项工作人员常规巡查类目上报的信息，包括：街面巡查信息、视频巡逻数据、区级监督信息、居（村）采集信息和路长采集信息。第二部分是接入了实时的外部系统数据，包括社区警情事件、民情日志信息、市民热线“12345”信息和网上舆情信息。第三部分数据来自街道辖区内部署在若干场景下的物联感知设备自动上传的数据。十个数据收集渠道为临汾街道“社区大脑”指挥平台提供了全面性、基础性和系统性的数据资源。

表 7-1　“社区大脑”指挥平台数据来源

常规巡查类目上报的数据		实时外部系统数据		物联感知设备自动上传的数据	
数据类型	数据来源	数据类型	数据来源	数据类型	数据来源
街面巡查信息	网格巡查员每日定点对街道4大街区进行巡查，发现并上报问题	社区警情	街道网格中心和街道派出所就一些与临汾街道公众安全有关的问题进行联动	物联感知	部署传感器，通过物联技术自动上传的数据
视频巡逻数据	在重点区域安装摄像头进行视频监控	民情日志	民情日志大数据运用中心的数据		
区级监督信息	区网格中心每日不定时派遣人员对街道进行叠加式巡查	市民热线“12345”	民众通过此热线电话反馈问题		

续　表

<table>
<tr><th colspan="2">常规巡查类目上报的数据</th><th colspan="2">实时外部系统数据</th><th colspan="2">物联感知设备自动上传的数据</th></tr>
<tr><td>居(村)采集信息</td><td>居委会通过入户走访,对本社区居民进行的信息采集</td><td rowspan="2">网上舆情(民呼我应)</td><td rowspan="2">通过网络渠道收集和抓取市民关心的问题和诉求;临汾街道微信公众号“美丽临汾”的一个板块,专门方便民众反映诉求</td><td rowspan="2"></td><td rowspan="2"></td></tr>
<tr><td>路长采集信息</td><td>静安区将“河长制”河道治理方式延伸到街区治理推出的领导责任制,定期检查责任路段,协调解决所负责路段城市管理问题的重点、难点问题</td></tr>
</table>

3. 物联感知，场景应用

在上述十大数据来源渠道中，实时监控与处理物联感知设备采集反馈上来的数据是“社区大脑”指挥平台的重点。街道目前（2018年8月15日）已经安装了8743个传感器，通过在“小区消防水泵水压感知、重点场所烟感、消防通道地磁、电梯运行状态、用电电弧过载预警、食品质量快检、小区门禁、道路积水、井盖管理、老人照护”等21个领域设置不同类型（声像、光线、压力、射线等）的传感器，形成智慧化的“神经末梢”网络，一旦超过既定阈值，便会触发感知报警，进行风险预警。

表7-2　临汾街道物联感知场景应用

场景	应用	场景	应用
火情检测	目前主要通过试点小区、建筑场所安装烟感和温湿度感应器，进行重点场所的火灾监控	智能门磁系统	在居民区楼道进出口安装安全智能门磁和摄像头，监控楼道进出人员以及门是否长时间未关等。分析门卡使用异常情况（比如同一套租房，多人进出，进行群租分析）
消防通道侵占	在重点消防通道处安装地磁，监控消防通道是否存在被占用情况，若存在占用，则进行自动报警，提升整个消防安全的管理方法和安全系数（目前通过数据发现消防通道被占用的情况还是存在较大比例）	电梯监测	通过对电梯运行情况的监控，了解电梯当前使用情况、历史故障情况、维修记录等数据，及时有效地对电梯异常进行实时报警。目前电梯的故障监控主要包括4类：冲顶、蹲底、关人、停电
消防水压	在消防栓上安装感应器，来监测消防水压是否正常，过去通过人工巡检始终是有时间周期的，而传感器可以实时获取数据，确保消防水压随时稳定可用	道路扬尘监测	测量空气中的PM2.5，主要用在建筑工地周围来测工地周围的空气质量是否达标，还可以监测对空气质量有污染的生产区域

续　表

场景	应用	场景	应用
人流密集区域（热力图）	针对社区内固定人流密集区域进行重点管理，增设了监控视频采集设备，通过视频识别的处理过程，将人流密集区域以及聚集分布进行实时展示。目前主要在公园、超市门口等人流密度大的地方进行检测。先通过数据了解现有各个场所各个时段人流密度分布、变化情况，然后根据不同场所设置相应的阈值，当人流密度发生突然变化时，实时预警	水箱开关	针对小区二次供水牵涉的广泛的居民安全问题，我们在水箱盖上安装了门磁，当水箱盖打开时就会收到报警，监测非正常的水箱门打开情况，判断是否有意外情况发生；同时，对水箱内的水进行水浊度和PH值的测量，确保居民用户安全
道路积水监测	对于城市道路地势低洼、坡道或者停车库等重点区位，安装一个水位监测传感器，当积水超过某一高度时及时预警，进行前置处理，特别是在夏季多雨或台风暴雨等特殊天气情况下，化被动为主动，尽可能减少各类危险	用电安全	通过电表箱内温度、电压或电流的变化来提前预警电火灾，同时通过对用电数据的监测来辅助管理或决策，比如发现某一户的用电量远远超过平均值，那就要注意查看该户是否有群租现象；或者在提供困难家庭补贴政策时，也可以通过用电量作为一个维度去评估家庭的经济条件

续 表

场景	应用	场景	应用
食品安全监测	布设食品加工环节的温湿度传感器,对现有温度、湿度监控,从而发现存在异常的重点店面,然后通过明厨亮灶的视频采集进行更进一步的管理,对人员出入进行人脸识别、视频采集信息,检查是否有健康证等,通过多种维度管理保证食品安全	80岁以上独居老人生命体征监测	为保障独居老人的生命安全,通过为80岁以上老人安装客厅红外线感知,智能床脚垫、门磁等技术手段进行生命体征管理,一旦出现异常进行实时报警。街道根据异常情况的严重程度通知相关监护人、社区联络员,进行应急处置
高空抛物	这类问题在过去很难解决,主要是无法查证到抛物责任人。现在通过高清摄像头捕捉高空抛物,即使没有直接拍到抛物原点,也可以通过对抛物线轨迹的数据运算,倒推分析出抛物位置	窨井盖位移监测	主要监测主干道、人行道,以及公共性场所的井盖是否发生位移,下水道是否积水和井盖是否发生断裂等。比如说,交通要道上的井盖发生位移,通过人为的巡查,可能不会及时发现处理,造成交通事故的发生,但是感知器可以在井盖发生位移的下一秒钟发现,及时上报,及时维修
非机动车停放管理	在非机动车停放处安装摄像头,对其进行监控,通过技术分析判断非机动车是否停放在规定的白线外,对停放异常进行报警,做到及时响应和处置	失智失能老人电子围栏	目前在一些重点小区、养老院门口安装了电子围栏监控,通过老人身上的感知设备进行感知,当失智失能老人走出区域时,进行走出区域报警

临汾街道将物联网、大数据、云计算等技术融合运用，为社区公共安全风险防控搭建了信息化平台。通过物联预测感知风险、数联驱动创

新服务，对各种渠道汇聚的数据资源进行交互共享，分布广泛“神经元”下的多领域应用场景等这一综合的技术路线推动了政府服务方式的转变，使临汾街道在公共安全治理过程中能够更加从容应对日趋多元、交织复杂的风险因素，及时排除重点部位的安全隐患，减少事故发生概率。

(四)流程再造、闭环管理:提高社区问题处置效率

目前临汾街道主要通过物联感知、街面（小区）巡查、热线和微信渠道来搜集、发现问题，统统汇总到街道网格化中心，然后再由工作人员派单给相关职能部门进行处理和解决问题。一方面，网格巡查员通过移动通讯设备上的城管通系统上报在巡查时发现的问题，对于能够自行处置的就即时处理，网格中心备案便可；不能即时处理的，按照要求拍下照片并准确描述问题，上传至社区大脑中心。中心接单后，根据案件性质归属不同的职能部门承办，向其派遣工单，然后各职能部门派专人去解决，不同性质事件有不同的解决时效，职能部门处置完毕后回复至中心，中心再派监督员去现场核查解决情况，核查通过给予结案，核查不通过再次派遣至该职能部门继续解决。对于街道职能部门不能有效解决的，由街道网格中心上报区网格中心，由区职能部门协调解决。另一方面，对于居民上诉类案件，网格中心要在一个工作日内先行联系居民，进行诉求认定，告知是否受理，然后通过“明道”派发工单至相关职能部门承办。各承办部门负责事实认定，现场查看工单反映情况，在15个工作日内给予解决，并把结果以书面形式通过“明道”回复给网格中心，网格中心要回访居民，询问对处理结果是否满意。

另外，“社区大脑”指挥平台的出现也带来了处置流程的优化。具体来说就是“围墙内外”的网格监督员都配备了相应的智能手环，走到一定点位，点位上布置有搭载着蓝牙技术的装置会自动记录巡查者动向，传给“社区大脑”，对工作人员的巡查位置与轨迹进行实时跟踪。

遇到需立刻处置的问题或者指挥平台收到物联感知的报警之后，平台指挥长可迅速根据轨迹图确定位置，就近调配最近的管理力量赶赴现场，这一流程设置也极大地提高了问题处置效率。

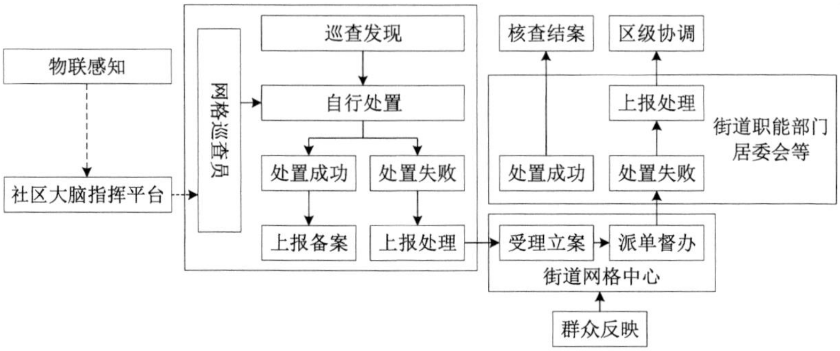

图 7-3　临汾街道风险及突发事件处置流程图

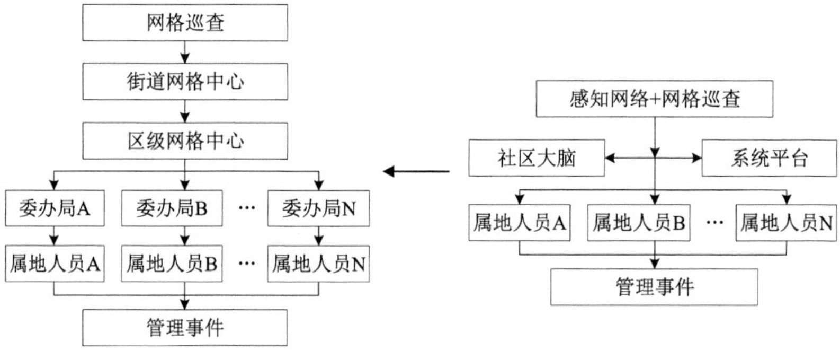

图 7-4　临汾街道处置流程再造示意图

（五）互相监督、健全机制：加强社区精细化治理效果

监督机制的健全对于实现社区公共安全风险防控治理效果有着至关重要的作用，临汾街道“社区大脑”指挥平台接入的外部数据——区级督查，便是区级层面对街道工作的监督方式之一。具体来说，区级网格中心不定时派工作人员对临汾街道进行巡查，如果其问题上报的时间比街道巡查员早，街道在全区考核中便会因此扣分，影响全区街道网格中心治理绩效排名；除了案件的提前发现率，上报问题的数量和质量也会

纳入全区网格管理的考核指标，因此，街道积极督促网格巡查员不留盲区地早发现、早解决问题。临汾街道对网格巡查员的监督措施则是将其工作绩效直接与工资、奖金挂钩，奖惩分明，等级评定，用市场化的管理方式督促网格巡查员提高工作效率；另外，每周召开网格中心工作例会，对网格中心日常巡查、工单派遣、信息汇总、督查统计、区级考评等情况进行及时沟通，加强中心工作人员的日常管理和队伍建设。街道网格中心对于街区工作站的问题处置及解决进度有着督办职责（对街区工作站进行考核监督则是由街道管理办负责）。这种激励性的监督机制对于落实街道网格中心公共安全治理、培养高效的问题反馈能力大有裨益。

三、临汾街道社区精细化治理的探索取得成效

临汾街道精细化治理在公共管理、公共服务和公共安全等方面的探索取得了显著成效，本部分主要就公共安全管理取得成效进行分析。

(一)多元参与的“社会化”:促进了风险防控的科学性

政府对自身定位准确，改变传统大包大揽式管理模式，打破组织边界，融合多元主体，共同参与社区事务的治理，有助于提高行政效率和治理效能。社区公共安全风险防控过程可分为事前发现、事中控制、事后完善，这就涉及政府针对社区公共安全风险如何履职以及履职水平的问题。风险隐患的排查或者是公共安全的提供只是政府多项职能中的一部分，而恰巧公共安全风险防控工作需要全过程、全覆盖、全方位的精力投入，稍有疏忽，便会留下安全隐患和管理盲区，因此，政府不可能以一己之力完成治理目标。采取什么样的方式、如何投入人力、如何进行权力配置开展此项工作直接影响公共安全供给的水平。

目前，临汾街道“社区大脑”中心与其他社会主体的关系主要体现为“合作”和“吸纳”，这种平等对话或互补局面的形成，不仅充分发

挥了市场优势，激发了市场活力，而且提高了社区公共安全风险防控的专业性和科学性。首先，将治理现代化技术的研究开发完全交由市场，与企业进行深度合作，利用新技术提高风险识别和分析决断能力，加强源头治理和系统治理，促进了街道风险防控工作的科学化、智能化、精细化。其次，吸纳市场组织，将内部工作人员从大量前端机械性风险发现工作中解脱出来，释放前端处置权力，聘请专门化组织和专业队伍担负日常风险监测、发现、识别以及简单性事件的现场处置，街道将更多的时间和精力投入事件处置环节，再运用市场化的管理手段激励网格巡查员提高绩效，提高了社区公共安全风险防控工作的能动性和专业性。最后，在社区风险防控工作落地方面，临汾街道社区党支部、居委会自治组织、市场化组织和社区志愿性团体以及社区居民都参与其中，形成了有力的基层力量，做到了“社情民意在一线掌握、矛盾问题在一线解决”，实现了风险早发现、早预警、早处置。

（二）部门联合的“规范化”：保障了风险协作治理效能

鉴于我国传统政府管理模式下，各职能部门存在着“本位主义”思想，相互之间缺乏协作精神，部门分割、利益保护比较严重。传统行政模式的路径依赖不是一朝一夕可以改变的，所以需要规范化的途径给予推动。这种规范化除了需要依据外部法律制度进行制度安排和规定约束以外，在临汾街道则主要体现在“平台的建设”“实际的赋权”以及“严格的考核”三个方面，这为实现部门之间的联合提供了基础和保证，在“落实社区公共安全风险防控监督、执行主体到位，建筑纵向到底、横向到边的无缝隙关系网络”上，规范化的部门协同机制发挥了重要作用，实现了跨条线，跨业务，跨层级的管理和服务。

在临汾街道公共安全风险防控的实践中，“平台的建设”主要体现在“社区大脑”指挥平台和“街区工作站”执行平台两个规范化平台。“跨部门联合指挥”有利于统筹调度街道各类资源与跨部门协同工作，大大提升了日常工作效率与质量；“跨部门联合执法”化零为整，针对综合性风险以及涉及部门职能交叉、情况复杂、需要联合执法的应急事件提高了处置和执行效率，也促进了不同部门主体在治理过程中的良性互动。“实际的赋权”主要体现在扁平化组织体系下的治理重心下移，作为区派出机构，“公安、交警、城管、市场监察、绿化市容、房办、卫生中心”7大职能场所被上级部门赋予管理实权，有权处理街道一线任务；同时，街道对各职能部门有着调度权力，便于统一下达指令。“资源、权限”的落实使得基层治理更加高效统一，为合理快速应对突发事件提供了必要的管理依据。“严格的考核”在于各职能部门任务分包下的监督制约机制，各部门协同作战，“不仅要把自己该做的事做好，还要配合好其他部门的工作”，街道办对各职能部门的考核、监督使得协同更具力量、更加通畅。

（三）流程制定的“标准化”：提高了风险处置效率

风险隐患的及时排除、突发事件的快速处置很大程度上依赖于一套标准化的流程设置来进行任务分包和步骤明确。临汾街道获取问题的渠道主要来源于三个部分：一是居民自上而下反馈，比如通过12345市民热线和“民呼我应”微信公众号等上报自身发现或存在的问题；二是自上而下的主动发现，比如巡查员通过网格巡查、视频巡逻等进行风险隐患的排查；三是智能化的风险感知及报警，一旦超过阈值，“传感器”便会向“社区大脑”中心发出提醒和警示。但是三种问题发现渠道相互融合后，关键还在于专业科层化的处理过程，要求一系列标准化流程形成有效的任务分配体系，能够对问题进行精确处理。

对于前两种问题发现渠道来说，以“临汾街道网格化社区管理分中心”这个系统化信息平台为载体和基础而设置的流程能对各种来源的问题作出快速反应。首先对“谁来上报、怎样上报、哪些问题需要上报、上报问题到何处”进行明晰，其次，案件属性、案件大类、案件字类、管理要点、问题描述、紧急程度等都进行清晰细致界定和分类；不同事件、部件有明确的部门进行任务包揽；清晰规定不同问题的办理时效和绩效考核标准。信息平台从受理—立案、接单—处理、派遣—督办、核查—结果四个阶段都有明确的步骤，形成了完整的闭环管理系统，而且实现了“一口上下、限时处置”，部门如何作为，有无拖延，在平台上都是可视化的，规范化的流程避免了部门之间相互推诿扯皮而造成的时间浪费、任务阻滞，责任明确更有利于问责制和责任追究，鼓励职能部门及居委会积极作为，及时化解矛盾和隐患，从总体来说，提高了风险排除和突发事件处置效率。

（四）“神经末梢”的“智能化”：增强了风险识别和预警水平

为提供良好的社区公共安全，实时预警可能发生的风险，及时排除安全隐患至关重要。临汾街道针对“围墙内外”的公共安全领域，在重点部位安装感知设备，实现了关口前移，变“应急”为“预防”，提高了风险预警能力，破解了“人力所不能及”“人力所无法及”的问题。例如，在窨井盖上的感知器除了能发现井盖移位、破损外，还能感知有毒有害气体和污水溢满等安全隐患（截至2018年7月底，各类窨井盖感知器报警42次）；为保障小区生命通道畅通，一旦有车辆等重物占用消防通道，指挥中心就会接到报警，并向居委和物业发出指令，进行及时查看，移除障碍；通过在单元门洞安装门磁与影像采集感应，能够知晓小区进出人员情况、门洞大门是否有长时间异常打开情况等，提高了居民生活的安全性。对餐饮企业食品安全的监测，主要针对其加工、储存环境是否发生异常变化，可第一时间督促企业加以检查整改，而不是等食物变质事件发生后再作应急处理；另外，在人流密集的公园、超市等区域安装了5个红外线监测器，一旦达到临界值就会报警并发出指令。据临汾街道网格化中心主任管文伟介绍，今年5月有关部门增发养老金，不少老年居民在上海银行门口大排长龙，一度发生了拥挤、插队、争吵等不文明现象，指挥中心根据报警派工作人员现场疏导，有序指挥，化解纷争，消除了安全隐患。针对房龄较老的高层建筑安装消火栓水压感知传感器，对辖区重点场所和小区非机动车库安装物联网烟感报警器，在行人乱穿马路频发路口安装监控提示设备等，都是以智慧化的“神经末梢”“代劳”了原本需要大量人力投入的风险隐患发现环节。“社区大脑”联合指挥中心试运行以来，已接受自动报警600余次，化解了16次可能危及居民生命财产安全的隐患事故，从人的不安全行为到物的不安全状态都能及时预警，做到防患于未然，大大减少意外事件发生的可能性。应该说，“社区大脑”中心的建设对实现公共安全管理精细化、提升风险预警信息化起到了十分重要的作用。

（五）治理对象的“个性化”：提升了风险防控居民满意度

若要通过“社区大脑”指挥平台实现保障社区安全的目标，还离不开对传感器的精细化安排，精确确定传感器安装的项目和点位。街道根据对社情民意的分析以及广泛开展座谈和调研，优先安排群众需求迫切、对预防公共安全隐患有实际作用的项目，有效的资源得以充分利用，发挥最大作用。比如，街道老龄化程度很高，老年人口超过辖区总人口的40%，而且有很多纯老家庭，需要特殊化服务，就此，很多老人家中安装了“感应照护系统”，包括智能床脚垫、门磁、烟雾感应器、燃气感应器、红外感应器等，开发“老人生命体征监测运用场景”。这些感应器件在不打扰生活的前提下，精准掌握老人在屋内的起居动态，包括监测老人呼吸心跳等，并通过自我数据学习掌握老人生活习惯，构建起“个性化”的应对预警机制。同时，将应用场景尽可能延伸，实现对极易存在安全隐患的部位和项目进行重点监测，基本上覆盖自然灾害、事故灾难、公共卫生事件和社会安全事件四大类突发事件，真正体现了问题导向和效果导向的统一、精准服务与全面保障的统一，从而很大程度上提高了居民生活的满意度。

结 语

2015年12月中央城市工作会议召开，会议指出城市工作是一个系统工程。做好城市工作，要顺应城市工作新形势、改革发展新要求、人民群众新期待，坚持以人民为中心的发展思想，坚持人民城市为人民。这是做好城市工作的出发点和落脚点。同时，要坚持集约发展，框定总量、限定容量、盘活存量、做优增量、提高质量，立足国情，尊重自然、顺应自然、保护自然，改善城市生态环境，在统筹上下功夫，在重点上求突破，着力提高城市发展的持续性、宜居性。基层综合治理模式创新从城市基层网格化管理到“大联动+”的模式，再到城市精细化管理模式，经过十多年的发展，取得了显著成效，但是根据城市工作会议精神，未来基层综合管理模式创新必须顺势而为，尊重规律，坚持以人为本等理念，推进城市治理体系治理能力现代化。

(一)现代化

2015年中央城市工作会议指出，贯彻创新、协调、绿色、开放、共享的发展理念，坚持以人为本、科学发展、改革创新、依法治市，转变城市发展方式，完善城市治理体系，提高城市治理能力，着力解决城市病等突出问题，不断提升城市环境质量、人民生活质量、城市竞争力，建设和谐宜居、富有活力、各具特色的现代化城市，提高新型城镇化水平，走出一条中国特色城市发展道路。在今后城市发展中，将城市精细化管理纳入城市治理体系和治理能力现代化的角度去考虑和设计，提高城市现代化水平。为此，我们要坚持完善和创新城市基层综合治理机制，从现代化的高度设计未来的基层综合管理模式，更好服务于城市发展的目标，实现城市管理的现代化和科学化，力争将城市打造成人类宜居的家园。

（二）法治化

中央城市工作会议指出，要全面贯彻依法治国方针，依法规划、建设、治理城市，促进城市治理体系和治理能力现代化。根据城市工作会议的精神，基层管理模式的创新需要在法制轨道上运行，坚持城市基层管理模式创新于法有据、基层综合管理平台的制度有规可循、平台运行流程有章可循、模式运行监督有据可依，使得基层综合管理模式运行的法治化，提高城市管理的法治化水平。

（三）民主化

中央城市工作会议指出，城市发展要善于调动各方面的积极性、主动性、创造性，集聚促进城市发展正能量。要坚持协调协同，尽最大可能推动政府、社会、市民同心同向行动，使政府有形之手、市场无形之手、市民勤劳之手同向发力。政府要创新城市治理方式，特别是要注意加强城市精细化管理。要提高市民文明素质，尊重市民对城市发展决策的知情权、参与权、监督权，鼓励企业和市民通过各种方式参与城市建设、管理，真正实现城市共治共管、共建共享。基层治理模式创新必须充分发挥民主，坚持多元主体治理的理念，让更多的主体参与到基层管理中。基层综合治理模式搭建一个平台，吸纳更多主体参与，提高基层综合治理水平。

（四）精准化

基层综合管理平台坚持管理与服务并重，坚持服务于管理之中，这对城市管理要求越来越高，对基层的公共服务更加突出精准化的管理和服务。需要更多的科学技术的介入，发挥好大数据、互联网的技术，提高治理的科学化水平，保障服务精准，满足民众多样化、个性化的需要。

（五）协同化

基层治理模式的创新，各个政府部门需要打破部门之间固有的界限和藩篱，实现整体的和协同的治理模式创新，淡化行政体制中传统权力的边界，坚持融合性行政的理念，集中队伍、信息、资源等力量，提高政府部门整体运作的效率。

（六）科学化

城市发展是一个自然历史过程，有其自身规律。因而，在基层管理模式创新中，必须坚持科学化原则，尊重城市发展规律，一定要抓住城市管理和服务这个重点，不断完善城市管理和服务，彻底改变粗放型管理方式，让人民群众在城市生活得更方便、更舒心、更美好。

附件一　关于推进城市安全发展的意见

随着我国城市化进程明显加快，城市人口、功能和规模不断扩大，发展方式、产业结构和区域布局发生了深刻变化，新材料、新能源、新工艺广泛应用，新产业、新业态、新领域大量涌现，城市运行系统日益复杂，安全风险不断增大。一些城市安全基础薄弱，安全管理水平与现代化城市发展要求不适应、不协调的问题比较突出。近年来，一些城市甚至大型城市相继发生重特大生产安全事故，给人民群众生命财产安全造成重大损失，暴露出城市安全管理存在不少漏洞和短板。为强化城市运行安全保障，有效防范事故发生，现就推进城市安全发展提出如下意见。

一、总体要求

（一）指导思想。全面贯彻党的十九大精神，以习近平新时代中国特色社会主义思想为指导，紧紧围绕统筹推进“五位一体”总体布局和协调推进“四个全面”战略布局，牢固树立安全发展理念，弘扬生命至上、安全第一的思想，强化安全红线意识，推进安全生产领域改革发展，切实把安全发展作为城市现代文明的重要标志，落实完善城市运行管理及相关方面的安全生产责任制，健全公共安全体系，打造共建共治共享的城市安全社会治理格局，促进建立以安全生产为基础的综合性、全方位、系统化的城市安全发展体系，全面提高城市安全保障水平，有效防范和坚决遏制重特大安全事故发生，为人民群众营造安居乐业、幸福安康的生产生活环境。

（二）基本原则

——坚持生命至上、安全第一。牢固树立以人民为中心的发展思想，始终坚守发展决不能以牺牲安全为代价这条不可逾越的红线，严格落实地方各级党委和政府的领导责任、部门监管责任、企业主体责任，加强社会监督，强化城市安全生产防范措施落实，为人民群众提供更有保障、更可持续的安全感。

——坚持立足长效、依法治理。加强安全生产、职业健康法律法规和标准体系建设，增强安全生产法治意识，健全安全监管机制，规范执法行为，严格执法措施，全面提升城市安全生产法治化水平，加快建立城市安全治理长效机制。

——坚持系统建设、过程管控。健全公共安全体系，加强城市规划、设计、建设、运行等各个环节的安全管理，充分运用科技和信息化手段，加快推进安全风险管控、隐患排查治理体系和机制建设，强化系统性安全防范制度措施落实，严密防范各类事故发生。

——坚持统筹推动、综合施策。充分调动社会各方面的积极性，优化配置城市管理资源，加强安全生产综合治理，切实将城市安全发展建立在人民群众安全意识不断增强、从业人员安全技能素质显著提高、生产经营单位和区域安全保障水平持续改进的基础上，有效解决影响城市安全的突出矛盾和问题。

（三）总体目标。到2020年，城市安全发展取得明显进展，建成一批与全面建成小康社会目标相适应的安全发展示范城市；在深入推进示范创建的基础上，到2035年，城市安全发展体系更加完善，安全文明程度显著提升，建成与基本实现社会主义现代化相适应的安全发展城市。持续推进形成系统性、现代化的城市安全保障体系，加快建成以中心城区为基础，带动周边、辐射县乡、惠及民生的安全发展型城市，为把我国建成富强民主文明和谐美丽的社会主义现代化强国提供坚实稳固的安全保障。

二、加强城市安全源头治理

（四）科学制定规划。坚持安全发展理念，严密细致制定城市经济社会发展总体规划及城市规划、城市综合防灾减灾规划等专项规划，居民生活区、商业区、经济技术开发区、工业园区、港区以及其他功能区的空间布局要以安全为前提。加强建设项目实施前的评估论证工作，将安全生产的基本要求和保障措施落实到城市发展的各个领域、各个环节。

（五）完善安全法规和标准。加强体现安全生产区域特点的地方性法规建设，形成完善的城市安全法治体系。完善城市高层建筑、大型综合体、综合交通枢纽、隧道桥梁、管线管廊、道路交通、轨道交通、燃气工程、排水防涝、垃圾填埋场、渣土受纳场、电力设施及电梯、大型游乐设施等的技术标准，提高安全和应急设施的标准要求，增强抵御事故风险、保障安全运行的能力。

（六）加强基础设施安全管理。城市基础设施建设要坚持把安全放在第一位，严格把关。有序推进城市地下管网依据规划采取综合管廊模式进行建设。加强城市交通、供水、排水防涝、供热、供气和污水、污泥、垃圾处理等基础设施建设、运营过程中的安全监督管理，严格落实安全防范措施。强化与市政设施配套的安全设施建设，及时进行更换和升级改造。加强消防站点、水源等消防安全设施建设和维护，因地制宜规划建设特勤消防站、普通消防站、小型和微型消防站，缩短灭火救援响应时间。加快推进城区铁路平交道口立交化改造，加快消除人员密集区域铁路平交道口。加强城市交通基础设施建设，优化城市路网和交通组织，科学规范设置道路交通安全设施，完善行人过街安全设施。加强城市棚户区、城中村和危房改造过程中的安全监督管理，严格治理城市建成区违法建设。

（七）加快重点产业安全改造升级。完善高危行业企业退城入园、搬迁改造和退出转产扶持奖励政策。制定中心城区安全生产禁止和限制类产业目录，推动城市产业结构调整，治理整顿安全生产条件落后的生产经营单位，经整改仍不具备安全生产条件的，要依法实施关闭。加强矿产资源型城市塌（沉）陷区治理。加快推进城镇人口密集区不符合安全和卫生防护距离要求的危险化学品生产、储存企业就地改造达标、搬迁进入规范化工园区或依法关闭退出。引导企业集聚发展安全产业，改造提升传统行业工艺技术和安全装备水平。结合企业管理创新，大力推进企业安全生产标准化建设，不断提升安全生产管理水平。

三、健全城市安全防控机制

（八）强化安全风险管控。对城市安全风险进行全面辨识评估，建立城市安全风险信息管理平台，绘制“红、橙、黄、蓝”四色等级安全风险空间分布图。编制城市安全风险白皮书，及时更新发布。研究制定重大安全风险“一票否决”的具体情形和管理办法。明确风险管控的责任部门和单位，完善重大安全风险联防联控机制。对重点人员密集场所、安全风险较高的大型群众性活动开展安全风险评估，建立大客流监测预警和应急管控处置机制。

（九）深化隐患排查治理。制定城市安全隐患排查治理规范，健全隐患排查治理体系。进一步完善城市重大危险源辨识、申报、登记、监管制度，建立动态管理数据库，加快提升在线安全监控能力。强化对各类生产经营单位和场所落实隐患排查治理制度情况的监督检查，严格实施重大事故隐患挂牌督办。督促企业建立隐患自查自改评价制度，定期分析、评估隐患治理效果，不断完善隐患治理工作机制。加强施工前作业风险评估，强化检维修作业、临时用电作业、盲板抽堵作业、高空作业、吊装作业、断路作业、动土作业、立体交叉作业、有限空间作业、焊接与热切割作业以及塔吊、脚手架在使用和拆装过程中的安全管理，严禁违章违规行为，防范事故发生。加强广告牌、灯箱和楼房外墙附着物管理，严防倒塌和坠落事故。加强老旧城区火灾隐患排查，督促整改私拉乱接、超负荷用电、线路短路、线路老化和影响消防车通行的障碍物等问题。加强城市隧道、桥梁、易积水路段等道路交通安全隐患点段排查治理，保障道路安全通行条件。加强安全社区建设。推行高层建筑消防安全经理人或楼长制度，建立自我管理机制。明确电梯使用单位安全责任，督促使用、维保单位加强检测维护，保障电梯安全运行。加强对油、气、煤等易燃易爆场所雷电灾害隐患排查。加强地震风险普查及防控，强化城市活动断层探测。

（十）提升应急管理和救援能力。坚持快速、科学、有效救援，健全城市安全生产应急救援管理体系，加快推进建立城市应急救援信息共享机制，健全多部门协同预警发布和响应处置机制，提升防灾减灾救灾能力，提高城市生产安全事故处置水平。完善事故应急救援预案，实现政府预案与部门预案、企业预案、社区预案有效衔接，定期开展应急演练。加强各类专业化应急救援基地和队伍建设，重点加强危险化学品相对集中区域的应急救援能力建设，鼓励和支持有条件的社会救援力量参与应急救援。建立完善日常应急救援技术服务制度，不具备单独建立专业应急救援队伍的中小型企业要与相邻有关专业救援队伍签订救援服务协议，或者联合建立专业应急救援队伍。完善应急救援联动机制，强化应急状态下交通管制、警戒、疏散等防范措施。健全应急物资储备调用机制。开发适用高层建筑等条件下的应急救援装备设施，加强安全使用培训。强化有限空间作业和现场应急处置技能。根据城市人口分布和规模，充分利用公园、广场、校园等宽阔地带，建立完善应急避难场所。

四、提升城市安全监管效能

（十一）落实安全生产责任。完善党政同责、一岗双责、齐抓共管、失职追责的安全生产责任体系。全面落实城市各级党委和政府对本地区安全生产工作的领导责任、党政主要负责人第一责任人的责任，及时研究推进城市安全发展重点工作。按照管行业必须管安全、管业务必须管安全、管生产经营必须管安全和谁主管谁负责的原则，落实各相关部门安全生产和职业健康工作职责，做到责任落实无空档、监督管理无盲区。严格落实各类生产经营单位安全生产与职业健康主体责任，加强全员全过程全方位安全管理。

（十二）完善安全监管体制。加强负有安全生产监督管理职责部门之间的工作衔接，推动安全生产领域内综合执法，提高城市安全监管执法实效。合理调整执法队伍种类和结构，加强安全生产基层执法力量。科学划分经济技术开发区、工业园区、港区、风景名胜区等各类功能区的类型和规模，明确健全相应的安全生产监督管理机构。完善民航、铁路、电力等监管体制，界定行业监管和属地监管职责。理顺城市无人机、新型燃料、餐饮场所、未纳入施工许可管理的建筑施工等行业领域安全监管职责，落实安全监督检查责任。推进实施联合执法，解决影响人民群众生产生活安全的“城市病”。完善放管服工作机制，提高安全监管实效。

（十三）增强监管执法能力。加强安全生产监管执法机构规范化、标准化、信息化建设，充分运用移动执法终端、电子案卷等手段提高执法效能，改善现场执法、调查取证、应急处置等监管执法装备，实施执法全过程记录。实行派驻执法、跨区域执法或委托执法等方式，加强街道（乡镇）和各类功能区安全生产执法工作。加强安全监管执法教育培训，强化法治思维和法治手段，通过组织开展公开裁定、现场模拟执法、编制运用行政处罚和行政强制指导性案例等方式，提高安全监管执法人员业务素质能力。建立完善安全生产行政执法和刑事司法衔接制度。定期开展执法效果评估，强化执法措施落实。

（十四）严格规范监管执法。完善执法人员岗位责任制和考核机制，严格执法程序，加强现场精准执法，对违法行为及时作出处罚决定。依法明确停产停业、停止施工、停止使用相关设施或设备，停止供电、停止供应民用爆炸物品，查封、扣押、取缔和上限处罚等执法决定的适用情形、时限要求、执行责任，对推诿或消极执行、拒绝执行停止供电、停止供应民用爆炸物品的有关职能部门和单位，下达执法决定的部门可将有关情况提交行业主管部门或监察机关作出处理。严格执法信息公开制度，加强执法监督和巡查考核，对负有安全生产监督管理职责的部门未依法采取相应执法措施或降低执法标准的责任人实施问责。严肃事故调查处理，依法依规追究责任单位和责任人的责任。

五、强化城市安全保障能力

（十五）健全社会化服务体系。制定完善政府购买安全生产服务指导目录，强化城市安全专业技术服务力量。大力实施安全生产责任保险，突出事故预防功能。加快推进安全信用体系建设，强化失信惩戒和守信激励，明确和落实对有关单位及人员的惩戒和激励措施。将生产经营过程中极易导致生产安全事故的违法行为纳入安全生产领域严重失信联合惩戒“黑名单”管理。完善城市社区安全网格化工作体系，强化末梢管理。

（十六）强化安全科技创新和应用。加大城市安全运行设施资金投入，积极推广先进生产工艺和安全技术，提高安全自动监测和防控能力。加强城市安全监管信息化建设，建立完善安全生产监管与市场监管、应急保障、环境保护、治安防控、消防安全、道路交通、信用管理等部门公共数据资源开放共享机制，加快实现城市安全管理的系统化、智能化。深入推进城市生命线工程建设，积极研发和推广应用先进的风险防控、灾害防治、预测预警、监测监控、个体防护、应急处置、工程抗震等安全技术和产品。建立城市安全智库、知识库、案例库，健全辅助决策机制。升级城市放射性废物库安全保卫设施。

（十七）提升市民安全素质和技能。建立完善安全生产和职业健康相关法律法规、标准的查询、解读、公众互动交流信息平台。坚持谁执法谁普法的原则，加大普法力度，切实提升人民群众的安全法治意识。推进安全生产和职业健康宣传教育进企业、进机关、进学校、进社区、进农村、进家庭、进公共场所，推广普及安全常识和职业病危害防治知识，增强社会公众对应急预案的认知、协同能力及自救互救技能。积极开展安全文化创建活动，鼓励创作和传播安全生产主题公益广告、影视剧、微视频等作品。鼓励建设具有城市特色的安全文化教育体验基地、场馆，积极推进把安全文化元素融入公园、街道、社区，营造关爱生命、关注安全的浓厚社会氛围。

六、加强统筹推动

（十八）强化组织领导。城市安全发展工作由国务院安全生产委员会统一组织，国务院安全生产委员会办公室负责实施，中央和国家机关有关部门在职责范围内负责具体工作。各省（自治区、直辖市）党委和政府要切实加强领导，完善保障措施，扎实推进本地区城市安全发展工作，不断提高城市安全发展水平。

（十九）强化协同联动。把城市安全发展纳入安全生产工作巡查和考核的重要内容，充分发挥有关部门和单位的职能作用，加强规律性研究，形成工作合力。鼓励引导社会化服务机构、公益组织和志愿者参与推进城市安全发展，完善信息公开、举报奖励等制度，维护人民群众对城市安全发展的知情权、参与权、监督权。

（二十）强化示范引领。国务院安全生产委员会负责制定安全发展示范城市评价与管理办法，国务院安全生产委员会办公室负责制定评价细则，组织第三方评价，并组织各有关部门开展复核、公示，拟定命名或撤销命名“国家安全发展示范城市”名单，报国务院安全生产委员会审议通过后，以国务院安全生产委员会名义授牌或摘牌。各省（自治区、直辖市）党委和政府负责本地区安全发展示范城市建设工作。

中共中央办公厅、国务院办公厅

2018年1月7日

附件二　上海市城市网格化管理实施暂行办法

第一条　为进一步加强城市管理，整合管理资源，更好地提供公共服务，根据有关法律、法规，结合本市实际，制订本办法。

第二条　城市网格化管理，是指依托统一的城市管理数字化平台，将管理辖区按一定的标准划分成单元网格，通过加强对单元格中部件和事件的巡查，建立监督和处置相分离的主动发现、及时处置城市管理问题的一种方式。

第三条　本办法适用于本市中心城区和郊区城市化地区。

列入城市网格化管理的部件和事件种类、处置标准及流程，由市建设交通委会同相关管理部门共同制定。

第四条　上海市数字化城市管理联席会议负责本市城市网格化管理重大问题的议事和决策，定期听取本市城市网格化管理情况报告。

市建设交通委负责本市城市网格化管理的综合协调和监督指导。上海市数字化城市管理中心（以下简称市数字化管理中心）具体承担协调推进工作。

区县政府负责所辖区域城市网格化管理，应分别设立承担公共事务管理职能的受理监督中心和指挥处置中心，具体实施辖区内市网格化管理。

房地资源、交通、市政、绿化、市容环卫、城管执法、规划、消防、公安、环保、水务、港口、通信、工商、信息、邮政、安监等专业管理部门，负责各自职责范围内城市网格化管理中发现问题的处置及监管工作。

燃气、自来水、排水、电力、电信、邮政、网络、有线电视、物业公司等承担公共服务的单位，按照职责规定和服务标准、规范，承担相应处置工作。

第五条　本市城市网格化管理工作以条块联动、资源整合、重心下移、监督制衡为原则。

第六条　创造条件，积极推进城市管理各专业网格化管理项目与城市网格化管理的资源共享、管理衔接，提高城市管理的质量和水平。

第七条　市数字化管理中心主要职责为：

（一）负责本市城市网格化管理信息系统的统一规划和管理，以及市级城市网格化管理信息平台建设；

（二）负责制定本市城市网格化管理系统技术标准、运行规则；

（三）对本市城市网格化管理系统运行情况进行评估并提出建议；

（四）负责本市城市网格化管理信息数据库建设和管理；

（五）负责指导本市城市网格化管理队伍相关培训；

（六）加强与市信息委、相关城市管理信息系统的联系和沟通。

第八条　区县城市网格化管理受理监督中心（以下简称区监督中心）主要职责为：

（一）组织对单元网格进行巡查，发现问题及时立案；

（二）受理12319城建热线等相关服务热线转送的市民举报；

（三）负责将立案件传送区县网格化管理指挥处置中心；

（四）负责对处置问题的核查和结案；

（五）负责网格监督员队伍管理、培训和考核；

（六）负责区县城市网格化管理系统管理和维护。

第九条　网格监督员是受区监督中心派遣的行使公共事务管理职能工作人员，由区监督中心统一管辖和指挥，主要职责为：

（一）按时对工作责任网格进行巡查；

（二）对巡查中发现问题收集证据并上报信息；

（三）对处置结果进行核查反馈。

任何单位和个人不得阻挠网格监督员开展巡查和收集证据工作。

第十条　区县城市网格化管理指挥处置中心（以下简称区指挥中心）主要职责为：

（一）负责案件派遣和协调；

（二）对处置工作进行监督、考评；

（三）定期召开与相关专业管理部门和专业单位信息沟通、工作协调会议。

第十一条　专业管理部门和专业单位负责相关的处置和管理工作，应落实对口机构和人员，主要职责为：

（一）对单元网格内的相关问题进行处置；

（二）将处置结果及时反馈区指挥中心。

第十二条　区监督中心对网格监督员在巡查中发现的问题，以及12319城建热线等相关服务热线转送的市民举报问题，应当及时核实后立案，并转送区指挥中心。

第十三条　区指挥中心要根据案件内容，及时派遣相关专业管理部门和专业单位，并督促完成处置任务。

对情况复杂、涉及多个部门和单位的问题，区指挥中心可以指定责任部门或单位，并做好后续协调工作。

第十四条　专业管理部门和专业单位接到指挥中心派遣案件后，应在规定时间内完成处置任务，并将处置结果反馈区指挥中心。不能在规定时间内完成处置任务的，应及时告知区指挥中心，并说明原因。

第十五条　区指挥中心接到处置结果反馈后，应及时传至区监督中心，经网格监督员核查确认后，实施结案。

第十六条　遇到特殊情况，应先处置后协调。

发生跨区事件时，相关区应及时上报，市建设交通委应及时协调，必要时可指定由一个区处置。

发生紧急问题时，市建设交通委可根据情况，直接指挥相关专业管理部门或专业单位进行处置。

第十七条　区指挥中心对辖区内专业管理部门和专业单位的处置工作进行监督评估，并纳入区县政府年度目标考核体系。

对市级专业管理部门和专业单位处置情况评价，报市建设交通委。

市建设交通委负责对本市城市网格化管理进行定期评估，并将评估报告报市政府，同时抄送各区县、相关专业管理部门和专业单位。

第十八条　市和区县城市网格化管理机构因工作疏漏和失职，造成问题发现不及时、协调派遣不力，以及系统运行不正常等情况，并影响城市网格化管理工作正常开展的，由上级主管部门或监察机关依法查处，对有失职、渎职行为的部门直接负责人和直接责任人，依法予以行政处分。

网格监督员未按管理规定对责任区域进行巡查，导致重大问题未及时发现的，区监督中心应给予相应处理。

第十九条　专业管理部门接到转送案件不及时处置造成后果的，由其上级主管部门或监察部门查处，对有失职、渎职行为的部门直接负责人和直接责任人，依法予以行政处分。

专业单位接到转送案件不及时处置造成后果的，依照相关法律法规处罚。

第二十条　对阻挠网格监督员进行巡查和收集证据工作，以及恐吓、威胁、伤害网格监督员的人员，公安部门应及时依法作出处理，直至追究当事人刑事责任。

第二十一条　城市网格化管理工作所需经费纳入市、区县两级政府年度财政预算，处置单位相关经费按照现有经费渠道支出。

第二十二条　本办法有关用语的含义：

（一）单元网格，是指按规定的标准，对管理区域进行划分，所形成的边界清晰、大小相当的管理地块，是网格化管理的地理基本单位，若干单元网格构成工作责任网格。一般单元网格面积一万平方米左右。

（二）部件，是指单元网格中市政公用、道路交通、市容环境、园林绿化、消防环保和房屋土地等与城市运行和管理相关的设施、设备。

（三）事件，是指单元网格中正在发生的影响城市运行和管理秩序、环境的，需要管理部门或专业单位实施管理和处置的行为。

第二十三条　本办法由市建设交通委负责解释。

第二十四条　本办法自印发之日起施行。

上海市建设和交通委员会

二〇〇七年十二月三十日

附件三　关于深化拓展城市网格化管理积极探索和推进城市综合管理的若干意见

上海城市网格化管理实施以来，集相关体制机制、管理标准和信息平台于一体的管理模式日趋成熟，已基本建立市、区县相关城市管理、执法、监督、作业、服务等部门共同参与的网格化管理工作体系，基本形成网格确定、内容明了、责任清晰、流程闭合的网格化管理标准体系，基本建成覆盖全市主要城市化区域和基本城市管理领域的网格化管理信息平台体系，具备了对本市城市化地区公共空间范围内城市管理问题从发现到处置实施监督指挥的能力，推动了城市管理领域各相关部门工作效能的提升，实现了城市常态长效管理的模式创新。八年多的实践经验和基本成效，为深化拓展城市网格化管理，积极探索创新综合性城市管理奠定了基础。为进一步整合各类城市管理资源，加强城市管理各相关部门的联动联勤，不断提升城市管理精细化、常态化水平，根据党的十八届三中全会提出的切实转变政府职能、创新社会治理的总体要求，结合《上海市城市网格化管理办法》的贯彻实施，现就深化拓展城市网格化管理，积极探索和推进城市综合管理提出如下若干意见：

一、聚焦综合管理，继续推动创新发展

随着本市城市化的快速发展和人口规模的不断扩大，城市管理和社会管理的问题日益凸显且相互交织，市民对保持世博期间的城市管理成

效、提升城市管理水平提出了更高要求。面临上海城市管理的新形势，紧密结合当前城市管理的实际，深化拓展城市网格化管理，抓紧构建城市综合管理平台，积极探索和推进城市综合管理，有利于增强城市管理监督指挥效能，进一步促进相关部门和单位加大以问题为导向的城市管理自我监督力度；有利于提升精细化、常态化城市管理水平，进一步促进城市管理各部门加大以发现和解决问题为核心的依法履职力度；有利于整合各类城市管理资源，进一步促进各级政府和城市管理部门加大信息共享和联勤联动工作力度;有利于推动城市管理向法治、共治、自治的积极转变，进一步加大城市管理的社会监督和市民参与力度。

二、明确总体目标，把握实施原则

（一）总体目标

用五年时间，基本建成以城市网格化管理信息系统为核心，与“12345”市民服务热线相衔接，与“12319”城建服务热线相融合，并与其他相关行业管理信息系统互联互通的城市综合管理信息平台;基本建成市、区县、街镇三级管理体系，完善健全标准明确、管理规范、联动高效的城市综合管理监督指挥体系，形成与联勤联动工作机制的有效对接，实现非紧急类城市综合管理领域的全覆盖，全面提升城市管理水平。

（二）实施原则

充分依托城市网格化管理的体制机制，通过进一步夯实管理机构，充实人员队伍，强化各管理部门的联勤联动；充分依托城市网格化管理标准，通过进一步调整范围内容，明确管理职责，强化各环节的规范管理；充分依托城市网格化管理的信息平台，通过进一步整合信息资源，拓展管理功能，强化各信息平台的互联互通。

三、完善体制机制，健全强化管理体系

进一步固化城市网格化管理的工作架构，进一步向街镇基层延伸，进一步明确条块职责分工和工作机制，建立健全市区分工、条块协同、以块为主、条线尽责的市、区县、街镇三级管理体系。

在现有区县城市网格化管理机构的基础上，组建区县城市网格化综合管理机构，按照直属区县政府的事业单位设置，充实人员队伍，加强管理力量，提高管理人员、信息员和网格监督员等从业人员的业务素质和能力，试点探索监督员队伍的市场化运作，强化对城市综合管理问题的巡查发现，充分履行对相关职能部门和街镇处置问题的协调指挥、监督评价职能。

在街镇专设城市综合管理平台，由街镇主要领导担任负责人，进一步强化街镇在基层城市综合管理的发现、处置效能。加强城市管理一线队伍的力量整合，重点加强网格监督员的巡查发现，建立与公安、城管等基层执法部门的联勤工作机制，形成与养护作业、市容协管、治安联防等基层队伍力量的协同工作模式，引入“弄管会”、“商管会”、志愿者等社会参与形式，实现城市综合管理与联勤联动工作机制的紧密对接。

居民小区和行政村可根据实际情况，以工作站的形式，探索建立居委会、村委会、业委会、物业服务企业等对接城市综合管理的工作机制，实现城市综合管理与社会市民自治管理的有效互动。

各行业主管部门要明确相应的管理机构，建立健全解决本行业城市管理问题的监督指挥机制，确保城市综合管理工作机制的顺畅运作。

四、拓展范围内容，逐步实现全面覆盖

在网格化管理体系基本覆盖城市化核心区域的基础上，进一步向其他城市化区域（含居民小区）和农村地区的公共管理空间拓展，逐步实现市域范围的全覆盖。

在以白天时段开展工作为主的基础上，进一步优化完善勤务机制，延长网格监督员的巡查发现作业时长，实行热线全天候值班，加强夜间街面值守。各相关职能部门和有关单位要同步加强工作值守和机制对接，做到城市管理监督指挥的全时段覆盖。

在10大类120种部件、事件管理内容的基础上，继续在公用设施、建设管理、交通运输、市容环卫、园林绿化、房屋管理、水利水务、规划土地、环境保护、地下空间等城市管理领域拓展管理内容，并进一步拓展到食品药品监管、安全生产监管、公共卫生、工商、文化教育等其他管理领域，实现城市综合管理的全行业覆盖。

各区县可以结合自身实际，针对主要矛盾，逐步将居民小区、地下空间和农村地区的公共设施损坏以及违法占地、河道污染、无照经营、无证食品药品生产经营点、无证行医点、无证网吧等城市管理的突出问题，纳入城市综合管理内容。

五、梳理标准流程，深化完善管理要求

对井盖缺失、架空线坠落等存在较大安全隐患的部件类问题和集聚无序设摊等严重影响市民生活的事件类问题，全面提高发现处置要求，实施重点监管。

对违法建筑、违规户外广告等应当依法查处的问题，进一步优化管理规范，制定切合实际的结案标准和流程，加强对难点问题的及时发现

和有效督办。

对乱张贴、零星暴露垃圾等可以在巡查发现的同时当场处置完成的简单问题，建立自行处置流程，实现即时发现即时处置。

对郊区县部分城市化水平较低区域以及农村地区，结合当地实际，制定切实可行的管理标准和流程，实施差别化监管。

对所有新拓展的各类城市综合管理内容，按照城市网格化管理以及相关行业管理规范，明确相应的责任主体和管理要求，形成闭合式管理流程，实施精细化管理。

各行业主管部门要按照精细化管理要求，不断提高行业管理、作业、服务、监督工作标准，适应城市综合管理的新要求和社会市民的新需求。

六、构建综合平台，加强信息互联互通

依托城市网格化管理信息平台，充分利用、整合已有的软硬件、数据和网络资源，进行统一的系统架构整体设计，构建城市综合管理信息平台。

进一步优化完善现有城市网格化管理信息系统，修订信息系统技术标准，拓展开发与更多工作部门衔接并能满足城市综合管理需要的应用功能。当前，要先行拓展开发督察督办、自行处置、重点监管、移动办理、视频监控、数据挖掘与综合分析等应用功能。

围绕条块联动、横向到边的要求，以城市综合管理信息平台为枢纽，进一步强化城市管理各信息化平台之间的互联互通和管理上的联勤联动，重点加强与“12345”市民服务热线的衔接和与“12319”城建服务热线的融合。

围绕重心下移、纵向到底的要求，建立健全城市综合管理信息系统街镇分平台，有条件的在社区、乡村设立工作终端，实现城市综合管理

问题在街镇基层从发现受理到处置解决的微循环、自循环功能。

七、加强规范管理，提高发现处置效率

按照“应发现尽发现、应处置尽处置”的总体要求，加强从发现到处置各环节工作责任制的落实，切实增强监督指挥效能，提高发现处置效率，确保各责任主体履职到位。

建立市、区县两级专业督察队伍，加大市对区县、区县对街镇城市综合管理的督察督办工作力度。充分发挥各级监察部门作用，加强对城市综合管理问题发现处置的行政效能监督。健全完善市民群众参与的渠道机制，加强对政府依法履职、服务市民的社会监督。

以城市综合管理平台数据为主要依据，进一步完善城市管理考核评价指标体系，发挥考核评价的导向性作用。强化城市管理考核评价的结果运用，逐步提高城市管理考核评价结果在政府和部门综合绩效考核中的权重，凸显考核评价的“指挥棒”效应。进一步加强综合平台的数据挖掘和分析利用，总结城市管理问题的特征和规律，查找城市管理存在的薄弱环节，为政府的城市管理决策提供辅助支撑。

进一步突出城市管理重点，强化对重点区域、重要节点、重大活动期间城市综合管理的监督指挥，巩固“世博”期间城市管理成效;提高“住宅小区、轨交站点、集市菜场、医院学校”周边以及城郊结合部、“城中村”等特定区域城市管理问题的发现处置效率，改善市民群众身边的市容市貌。

各行业主管部门要紧密围绕城市综合管理平台反映的突出问题和薄弱环节，理清职责分工，健全协同机制，落实托底制度，强化工作保障，不断提升管理水平。

八、加强组织领导，条块协同推进

各区县、各有关部门要按照推进城市综合管理的总体要求，统一思想、提高认识，科学谋划、加强保障，各尽其责、紧密配合，认真落实各项任务。

市政府成立市城市综合管理推进领导小组(以下简称“领导小组”)，加强本市城市综合管理工作的统筹领导，研究解决工作推进中的重大问题，指导督促各区县、各部门共同落实相关工作。领导小组办公室设在市建设管理委，承担领导小组日常工作，与市市政市容管理联席会议办公室、市数字化城市管理联席会议办公室实行整合，加强信息沟通和联络服务，定期向领导小组报告工作情况。

市建设管理委要会同市有关行业主管部门制订总体工作方案，分解目标任务、落实责任分工、明确标准规范，加强工作指导。各相关行业主管部门要按照各自职责和任务分工，制订本行业工作方案，落实部门人员，建立工作机制，保障工作经费，强化工作推进。

各区县政府要根据全市统一部署和市相关行业主管部门的指导要求，结合各自实际，制订和落实本区域实施方案。

上海市人民政府

2014年3月31日

附件四　落实《中共上海市委、上海市人民政府关于加强本市城市管理精细化工作的实施意见》的三年行动计划（2018—2020年）（摘要）

为贯彻落实《中共上海市委、上海市人民政府关于加强本市城市管理精细化工作的实施意见》（沪委发〔2017〕25号，以下简称《实施意见》），按照市委、市政府总体工作部署和具体要求，制定三年行动计划（2018—2020年）。

一、总体要求

（一）指导思想。全面贯彻习近平新时代中国特色社会主义思想，以党的十九大精神为指导，落实中央城市工作会议和市第十一次党代表大会精神，坚持以人民为中心的发展思想，按照中央对上海要继续当好新时代全国改革开放排头兵、创新发展先行者的要求，对标卓越的全球城市，抓重点、补短板、强弱项，以全覆盖、全过程、全天候和法治化、社会化、智能化、标准化为着力点，德治、法治、共治、自治相结合，紧紧围绕补短板，解决发展不平衡不充分的突出问题，为人民群众提供精细的城市管理服务。

（二）工作目标。通过加强精细化管理，创新体制机制，加快补齐短板，每年创建一批示范性“美丽街区”“美丽家园”和“美丽乡村”，打造安全有序法治、高效便捷智慧、天蓝地绿水清的城市环境。到2020年，上海在城市设施、环境、交通、应急（安全）等方面的常态长效管理水平全面提升，市民对城市管理的满意度明显提高，城市更加宜居宜业宜游，城市更有序、更安全、更干净，生活更方便、更舒心、更美好。

二、重点任务

（一）有效巩固“五违四必”环境综合治理成果，持续推进存量违法行为整治

1. 开展无违建居村（街镇）创建工作。进一步增强全社会防控和治理违法建筑意识，全面遏制违法建设行为，加大违法建筑治理力度，加快消除历史存量，实现违法建筑“零增长”，着力形成防控和治理违法建筑长效机制。2018年，全市“无违建创建先进居村”的创建完成率达到50%，拆除违法建筑不少于3600万平方米。2019年，全市“无违建创建先进居村”的创建完成率达到90%。2020年，完成突出存量违法行为的整治。

2. 持续推进“居改非”整治。依法重点整治一批住宅小区内利用“居改非”从事违法经营活动，治安、消防、食品安全等安全隐患突出，噪声扰民、油烟污染、环境脏乱差等人民群众反映强烈的“居改非”场所，全面遏制新增蔓延现象。2019年，全面消除住宅小区内利用“居改非”从事违法经营活动的行为，总体实现可控有序。

（二）加大水环境治理力度，做好供水和防汛管理

1. 推进中小河道治理。全面落实河长制，进一步健全完善以党政领导负责制为核心的河湖管理保护分级责任体系。加强中小河道治理，做好河道湖泊水面保洁工作。加强船舶和港口污染防治工作，建立内河水域船舶污染物免费接收制度，提升船舶污染物接收、转运、处置能力。2020年，全市河道水质基本消除劣Ⅴ类，重要河湖水功能区达标率达到78%，打造河畅、水清、面洁、岸绿的水环境。

2.开展雨污混接改造。开展中心城区和郊区建成区排水管道雨污混接改造，2020年，基本消除本市建成区分流制地区市政混接、沿街商户混接及企事业单位混接，完成市政雨水泵站旱流截污工程，提高合流制地区污水截流倍数。

3.提高污水收集处理能力。继续完善污水收集管网建设，深化农村生活污水治理，实现村庄改造和"美丽乡村"建设可达地区农村生活污水全收集、全处理。2020年，全市城镇污水处理率达到95%。按一级A及以上标准，新建、扩建和提标改造污水处理厂，加强"泥、水、气"同治，提高污水处理厂的污水处理、污泥处理处置和臭气处理能力，污水处理厂污泥无害化处理处置率达到95%。

4.做好供水安全管理。进一步优化"两江并举，多源互补"的原水供水格局，开展流域联防联控，加强水源地环境监管，加快实施二级水源保护区内工业企业调整工作，严格控制水源地环境风险，加强对饮用水水源保护区内运输船舶等流动风险源的监管。

5.提升排水防涝水平。加强水闸、排水设施等的养护管理，排水管道设施检查、抽检的合格率稳定达到95%以上。持续开展积水点改造，不断完善排水除涝体系，新建、改建民星南、华泾西等排水系统，消除中心城建成区排水系统空白，建设浦东、宝山、闵行等区16个外环以外的排水系统，增强郊区易涝地区排水能力。

（三）深入推进生活垃圾、建筑垃圾等各类垃圾的综合治理

1.继续推进生活垃圾分类减量。推进再生资源回收利用网络和垃圾分类收集处理网络的"两网融合"发展，提高再生资源回收效率。2018年，绿色账户覆盖500万户，全市建设200个生活垃圾分类综合服务点，生活垃圾资源回收利用率达到35%以上。2019年，垃圾分类覆盖600万户。2020年，单位生活垃圾全面强制分类全覆盖，居民区普遍推行垃圾分类制度，全面建立生活垃圾居住区达标验收挂牌制度，基本建成完善的全市生活垃圾分类投放、收集、运输和处置体系，生活垃圾源头分类

质量明显提升。

2.加快建设生活垃圾处理设施。2020年，生活垃圾无害化处理能力达到3.1万吨/日以上，基本实现原生生活垃圾零填埋。加快建设老港再生能源利用中心二期工程等生活垃圾焚烧项目，增强干垃圾无害化处置能力，推进建设老港、闵行、松江、金山、普陀、浦东、宝山等一批湿垃圾集中处理设施，全市湿垃圾分类处理能力达到7000吨/日；完成闵行、静安、青浦、嘉定等一批环卫基地建设。

3.构建建筑垃圾处置体系。加强建筑垃圾源头管理，实施建筑垃圾预处理，推进消纳场所及资源化设施建设，构建建筑垃圾处置体系。重点推进区级建筑垃圾中转消纳场所建设，健全建筑垃圾全程管控和资源化利用体系。2018年，全市75%装修垃圾和拆房垃圾落实中转分拣要求，全市建立3条以上装修垃圾、拆房垃圾资源化利用试点生产线。2019年，全部装修垃圾和拆房垃圾落实中转分拣要求，全市建立5条以上装修垃圾、拆房垃圾资源化利用试点生产线，力争中心城区50%装修垃圾和拆房垃圾通过资源化利用渠道消纳。2020年，全市装修垃圾和拆房垃圾资源化利用能力达到750万吨/年，中心城区全部装修垃圾和拆房垃圾通过资源化利用渠道消纳，郊区就地资源化利用率达到70%以上。

（四）补齐市政市容管理短板，全面提升市容市貌环境整体水平，推进“美丽街区”建设

1.提升市容环境品质。对标国际一流，突出主要道路、主要河道及两侧、市民主要休闲服务和市民集中居住等重点区域，制定指导性标准要求，重点突出道路设施、城市家具、沿街绿化、建筑立面、招牌广告、景观灯光，力求做到协调、美观。实现平面、立面、空间，建筑、文化、历史等多纬度的总体协调，提升街区的内涵、底蕴、特质，体现精致、精品、精细管理要求，开展示范性“美丽街区”建设，以点带面，推动全市市容环境品质提升。

2.着力推进“五乱”（乱设摊、乱占道、乱设广告、乱张贴、乱抛

物）治理。强化管理、执法、引导，全面完成3268处市政市容“补短板、治五乱”专项治理的任务，做好项目收尾、拾遗补缺、成效巩固工作。加大对无证洗车、占道洗车的管理和执法力度。深化无序设摊治理，继续巩固无序设摊治理成效，防止200处易发生聚集的点位出现反弹，遏制新增无序设摊聚集点，加强临时管控点和疏导点的规范管理，完成42处无序设摊中度污染点治理，提升160余处管控点、疏导点的硬件建设和规范管理水平，确保面上管理总体受控。开展占道亭棚综合治理，规范一批亭棚设施，做到审批合规、设置规范，拆除一批违规设置、严重影响行人通行和市容环境的占道亭棚，2018年，基本做到占道经营性亭棚入场入室，基本消除违规擅设占道亭棚。

3.落实责任区管理制度。在有条件的区或街道倡导推行路长制。深入推进市容环境卫生责任区管理“七个一”工作，即：每年再建100条（段）责任区管理示范道路、水域或河道，推选100个示范性责任区管理自律自治组织，提升1000条（段）中小道路沿街商铺生活垃圾上门收集的水平，组织重点人员培训10万人次，完善提升一个责任区信息系统的管理效能，开展一个（百场次）责任区管理主题宣传活动，每月组织开展一次“我的门前我清洁，我的区域我负责”城市清洁行动。

4.加强户外广告、店招店牌、船容船貌和景观照明管理。全面落实户外广告设施设置阵地实施方案，加强户外广告设施设置准入监管和事中、事后监管；加强违法户外广告设施整治力度，2018年，基本完成重点区域、重点类型的违法户外广告设施整治工作；重构户外广告管理体制，2020年，完成规章修订。加大招牌整治力度，以重点道路、连锁企业为重点，2020年，基本完成一店多招、屋顶招牌和大型侧招整治工作；积极探索店招店牌管理新机制，加强街镇层面店招店牌管理。加强景观照明管理，围绕黄浦江两岸公共空间贯通开放，开展黄浦江核心段船容船貌的规范整治，易扬尘船舶全部采取覆盖措施，浦江游览的游船和码头完成外观翻新、灯光升级和广告规范，同时着力完善提升两岸景观照明品质，2020年，基本完成重要设施、重要节点景观照明改建、新建工作，打造浦江夜景新亮点和浦江游览新产品，提升浦江游览品质内涵。

5.提升城市绿化水平。建设一批公园绿地精品。强化日常养护，充分发挥“公共绿地养护监管平台”的作用，基本实现中心城区公园绿地无失管失养现象，郊区公园绿地品质全面提升。进一步提高行道树养护管理队伍、技术、设施等多方面水平，积极创建林荫道和绿化特色道路。着力推进绿地品质提升，打造一批景观亮点突出、园艺水平精湛、创新技术集成的绿化特色街区，新建提升改造150个具有花园景观、游憩服务和文化底蕴等功能的街心花园（口袋公园）。进一步优化提升城市公园的景观品质、提高服务水平。提升重点区域花卉布置水平，加强节庆花卉景观保障。推进单位、居住区等所属的街面化绿地的托管工作，提升其养管质量。着力推荐一批新优品种，推广一批新优技术，应用一批新型机械。

6.强化城市保洁工作。完善道路扬尘污染防治机制，规范作业服务流程、合理配置工艺，不断提升道路机械化保洁水平，道路机扫率达到92%，冲洗率达到70%。重点区域全面实施道路吸尘、冲洗作业，提高并保持道路整洁优良率92%以上。重点加强黄浦江、苏州河干流水域保洁（含水生植物）基础设施和作业装备的建设与配置，确保干流水域环境的基本整洁。重塑黄浦江、苏州河主城区段“水陆联动”保洁服务机制，确保主城区段水域的长期环境整洁。

7.落实“三重”保障。通过落实空间环境治理、景观绿化提升、应急管理工作等，切实做好中国国际进口博览会等“重大活动”期间市政市容保障工作；继续强化巡查督办、注重安全管理、营造良好氛围，全面做好春节、五一、国庆等“重要时段”的环境保障工作；不断加强主要道路、景观区域、市容环境较为薄弱的中小道路，以及黄浦江滨江公共空间等“重点区域”的市政设施建设、市容环境治理。

（五）加强房屋使用安全管理，持续开展住宅小区综合治理，推进“美丽家园”建设

1.强化房屋使用安全隐患整治。健全覆盖住宅、非居住房屋、公共建筑的安全排查和处置机制，落实房屋业主和使用人的主体责任，完善本市房屋定期检测、维修以及限制使用等制度，继续推进老旧住房安全隐患处置工作，2020年，完成排查发现的1365万平方米一般损坏老旧住房隐患处置工作，基本消除建筑外墙外保温系统、外挂结构及附属设施的安全隐患。更新居民住宅燃气表前高龄地上燃气管道，推进液化石油气规范统一配送工作，全面提升本市居民用户燃气使用的本质安全度。强化消防安全管理，按照“防大火、控小火”的目标，聚焦高层建筑和老旧小区，落实安全责任，加强智能消防感知体系建设，及时发现火患，确保灭早灭小。

2.做好“留、改、拆”工作。按照“留、改、拆并举，以保留保护为主”的原则，有序推进旧区改造和旧住房修缮改造。2020年，完成二级旧里为主的房屋改造150万平方米、各类旧住房修缮改造3000万平方米，其中三类旧住房改造900万平方米，完成各类里弄房屋修缮改造250万平方米。强化历史建筑修缮、改造和使用监管，保护历史文化风貌、延续历史文脉。积极推进“城中村”改造，推进农村低收入户危旧房改造。

3.推进住宅小区综合治理。加大住宅小区综合改造力度，着力提升物业行业整体服务水平，持续改善住宅小区居住环境，逐步实现“美丽家园”全覆盖。2020年，全面完成2000年以前建成住宅小区的二次供水设施改造，明确产权归属，落实管理责任；着力解决住宅小区雨污分流改造；建立住宅电梯安全评估和使用监管长效机制，完成4000台使用满15年的住宅电梯评估工作，实现使用满15年的住宅电梯运行安全远程监测全覆盖；推进消防、技防等设施设备改造更新，新建2000个既有住宅小区电动自行车充电设施；培育30家品牌物业服务企业，建立

10000名具备专业素养的住宅小区项目经理队伍，完成5000个住宅小区管理处和主要出入口门岗（门卫室）等规范化建设；符合条件的住宅小区业主委员会组建率达95%，业主委员会规范运作达标率达75%以上。

（六）提升农村基础设施水平，改善农村生态环境，推进“美丽乡村”建设

1.加快推进村庄改造。全面实施农村基础设施建设，完善农村路网系统，保障农民出行便利和安全。因地制宜开展农村生活污水处理项目建设，按需建设公共厕所、垃圾箱房等农村环卫设施，安装村内照明装置。开展宅前屋后环境整治，集中收集处理生活垃圾。配套完善农村标准卫生室、事务代理室、文化活动室、为农服务站、便民农家店等“三室一站一店”基本公共服务设施建设。2020年，本市基本农田保护地区规划保留农村的村庄改造完成率达到100%。建立符合农村特点的长效管理制度，分类落实管护主体和管护资金，引导广大村民共同维护村容环境。

2.提升农村风貌品质。深化农村文化内涵，保护村庄历史文化，维护乡村风貌，突出地域特色。传承、弘扬地方传统民俗，修缮、保护农村历史民居、古建筑、文化遗迹，尽可能保留乡村原生态，留住乡村文化，彰显乡村人文魅力。新建、改建农宅要体现地方文化和民居风格，注重乡土气息、水乡韵味，形成特色的绿化造林景观，河岸整洁美观，体现自然生态的江南水乡风貌。2020年，建设100个市级“美丽乡村”示范村，引领和带动全市“美丽乡村”建设。

（七）加强交通组织管理，继续提升交通服务水平

1.加强交通设施管理和交通组织。继续推进区区和省际对接道路规划、建设，2020年，全面完成区区对接路打通工作，着力提升路网整体通行效率和服务能力。按照权责对应的原则，完善新建城市道路等设施移交接管机制，明确设施通车后至正式移交接管前管理养护责任主体，优化设施移交手续，保障养护有序衔接、交通设施安全运营。完善慢行

交通设施，加强公共交通及公共开放空间周边步行、非机动车道及停车设施的建设和管理，保障慢行交通通行空间，保障无障碍设施连续、畅通。推动互联网租赁自行车规范发展，有序停放。加强交通组织管理，做好市政基础设施施工组织管理，保持道路畅通。配合黄浦江两岸公共空间贯通开放，加强黄浦江航道维护和通航组织，完善船舶进出港报告制度，对砂石料船舶流向实施引导和管控，适当疏解黄浦江砂石料转运功能。

2.提升公共交通服务品质。优化轨道交通运营组织，逐步缩短高峰发车间隔，2018年实现全轨交网络高峰增能5%，中心城区骨干线路高峰时段最小运行间隔达到3分钟，2020年力争实现中心城区部分骨干线路高峰时段最小运行间隔达到2.5分钟。优化调整地面公交线网，推进公交专用道规划建设和执法管理。推进两网融合，实现新开通轨道交通站点周边50米内配套公交基础设施。推出手机扫描二维码快速购票进出轨道交通车站闸机的服务举措，完善市民公交出行服务平台，所有公交线路全部纳入“上海公交APP”，不断提高公交实时到站信息预报的准确度。

3.加强出租汽车管理。推进出租汽车行业顽症治理和网约车市场规范清理，整治非法客运车辆，确保重点区域非法客运基本可控。不断优化出租汽车服务，根据道路通行条件和市场需求，试点推进中心城区出租汽车临时停靠点设置。开发研制新型出租汽车一体化多功能车载终端，提升车辆智能水平，2018年通过巡游车辆更新逐步安装新型车载智能终端，2019年完成大企业及部分中小企业车辆车载智能终端升级，2020年争取实现个体户车辆车载智能终端升级。

4.改善停车管理。加强停车管理规划调控和设施建设，重点支持停车矛盾突出的住宅小区、医院、学校等及周边公共停车设施、大型综合交通枢纽、城市轨道交通外围站点（P+R）等公共停车设施建设。加强道路停车管理，推动停车资源共享利用，创建一批停车资源共享利用示范项目，2020年实现3万个停车泊位的共享利用。运用公共停车信息平台，提升停车信息服务。

5.加强交通安全管理。从严从细落实安全责任，建立和细化轨道交通、交通设施、道路水路客运、危险货物运输和港区危险货物堆存等重点领域安全生产重大事故隐患清单制、整改责任制，强化隐患排查整改督办和落实，推进属地责任落实，共同做好外部侵害防控。健全交通、公安、海事、安全监管等部门的沟通协调机制，强化企业市场准入及资质管理，加强危险货物运输过程的安全监管。完善轨道交通运营风险分级管控和隐患排查治理双重预防机制，对制约运营安全和运营效率的问题，通过管理改善和工程改造措施逐一解决突破。研究和实施内河航道桥梁的安全防护工作，在限制船舶主尺度、完善桥梁标志标识、增设桥梁防撞设施等三方面同步推进。持续深入推进道路交通违法行为大整治，充分运用新技术、新手段提升管理效能，攻坚整治突出交通违法行为，持续巩固交通大整治成果，营造遵守交通法规的大环境，倡导文明交通行为。

（八）加强施工组织管理，做好建设工程文明施工

1.落实工程质量安全管理责任。推行建设工程质量行为标准化和实体质量控制标准化，严格落实质量安全管理“五方主体责任”，健全以施工总承包单位为中心，建设、监理、勘察、设计及其他有关单位各负其责的责任体系，严格落实企业和关键岗位从业人员的主体责任。

2.加强工程质量安全监管。全面推行建筑工地现场实名制，健全工程质量监督管理机制，推行质量安全巡查制度。加强对建筑改扩建、装饰装修、工程加固的质量安全监管，严格限额以下小型建设工程监督管理，确保监管无遗漏。

3.强化建设工程文明施工管理。严格落实文明施工措施，推进工地污染在线监控系统建设和监测，采取降尘喷雾、降低噪声等措施，减少施工扰民。重大基础设施建设引导推广标准化、集约化、模块化装配式

施工，加强重大风险源管控和应急处置机制建设，减少占用道路交通资源，减少绿化征用和搬迁工作。推行绿色施工、绿色运营和绿色化改造，发展绿色节能建筑，推动建筑工地垃圾“零排放”。2020年，全市拆房工地洒水或喷淋措施执行率达到100%，全市建设工地文明施工达标率达到98%。

（九）加强地下空间和各类管线管理，消除安全隐患

1.加强地下空间管理。强化民防工程、普通地下室、轨道交通站点等的安全管理，加强商业和公共建筑地下室、半地下室燃气报警设施安全运行维护，落实地下空间的权属、使用和管理单位的主体责任，加强日常巡检、专业检测、安全评估、监控、预警以及应急管理，最大限度预防和减少安全风险。妥善处置废弃民防工程，消除废旧防空洞安全隐患。

2.加强各类管线管理。全面启动架空线整治，分阶段推进各类架空线入地。治理废弃线杆，推进市政道路多杆合一工程，线杆颜色要与周边环境相适应。2018年，重点推动内环内主次干道及中国进口博览会场馆周边等重点区域架空线入地和多杆合一。2020年，基本完成地下老旧管网改造，完成本市365公里燃气地下隐患管网更新，消除安全隐患。推进地下综合管廊建设，建立和完善地下管线、架空线及地下综合管廊管理体制机制。加大供水、排水、供气、供电、供油、通讯、网络等各类管线的保护力度，保障各类管线安全运行。

（十）完善城市网格化管理体系，提升城市综合管理效能

1.加强城市网格化管理体系建设。强化市、区、街镇城市网格化综合管理机构在城市管理中的指挥协调、监督评价作用，将网格化日常管理数据作为城市综合管理工作的重要考核依据。依托市、区、街镇三级管理体系，继续深化拓展网格化管理内容和范围，继续优化网格化管理标准和流程，形成标准明确、管理规范、联动高效的城市综合管理指挥监督体系。加强对各类信息的大数据分析和运用，及时研判城市管理热

点难点和趋势规律，有针对性地提出对策措施建议。

2. 优化城市网格化管理工作机制。理清各行业城市管理资源，构建与城管执法、房屋管理、市场监管、绿化市容、公安消防、城市规划、交通、水务等部门信息流转顺畅、管理责任清晰、指挥协调有效的工作机制。发挥居村工作站作用，建立与居民、社区党组织、居村委会、业主委员会、物业服务企业等对接的工作机制，促进城市管理社会化水平。2020年，实现市级指挥监督平台对城市管理全行业市级条线部门和全市各区、各街镇综合管理部门的信息互联互通和实时协同指挥。

（十一）依法从严治理，提升城市管理法治化水平

1. 细化完善法治保障。立足超大城市综合管理要求，加强重点领域地方性法规和政府规章的立改废释。完善城市管理精细化的相关制度和相关政策。健全相关法规规章和政策定期评估机制，及时修订不符合精细化管理要求的法规规章，增强法规规章的时效性、针对性。

（1）建设管理方面。加强绿色建筑管理、地下空间安全使用管理、地下管线管理、无障碍设施建设和使用管理、网格化综合管理、海绵城市规划建设管理、建设工程造价管理、液化石油气管理等地方性法规、政府规章的立改废释和相关政策的制定实施。

（2）房屋管理方面。加强既有建筑使用管理、房屋使用安全监督管理、城市风貌和历史建筑保护、房屋租赁管理、物业管理等地方性法规、政府规章的立改废释和相关政策的制定实施。

（3）水务管理方面。在保障城市水安全、严格水资源管理、加大水环境治理力度等方面，加强供水、原水、节水、排水、堤防等地方性法规、政府规章的立改废释和相关政策的制定实施。

（4）交通管理方面。发挥立法的引领、推动和保障作用，突出综合交通发展的重点领域、新业态、新模式的发展和确保交通安全的需要，研究起草相关法规规章政策，加强轨道交通安全、出租汽车、道路运输、港口航运、路桥隧道安全保护、寄递安全等地方性法规、政府规章

的立改废释和相关政策的制定实施。

（5）绿化市容管理方面。坚持法治思维，增强行业依法行政能力，开展生活垃圾管理、废弃物处置、湿地保护、公园管理、景观照明管理、户外广告设施管理等地方性法规、政府规章的立改废释和相关政策的制定实施。

（6）消防管理方面。突出多产权建筑消防管理、个体工商户法律责任追究、消防行政审批制度改革中的消防责任落实，加强对高层建筑、居家养老、民宿、城市更新等新情况、新问题的地方性法规、政府规章的立改废释和标准政策的制定实施。

2.进一步深化城市管理执法体制改革。制订并持续推进落实住建领域城市管理执法事项划转工作方案，持续推进城市管理和综合执法体制改革，稳妥有序推进城市管理综合执法。完善行政执法和刑事司法衔接机制、综合执法和行业执法协同机制。深化执法类公务员分类管理改革，制订城市管理执法人员绩效考核指导意见。建立健全人员交流制度，完善指导监督机制，健全区级城市管理执法机构对街镇城市管理执法工作的评议考核制度。

（十二）加强信息系统建设应用和信息共享，提升城市管理智能化水平

1.加强城市管理基础数据库和“神经元”系统建设。摸清家底，建设和完善房屋、住宅小区、地下空间、道路桥梁、港口航道、交通运输、河道湖泊、地下管线、道路架空线、绿化市容等城市管理基础数据库，完善基础数据日常管理和更新机制，切实做到基础数据全面翔实。推进智能感知技术应用，强化视频图像、环境监测、交通运行、供水供气供电、防洪除涝排水、基础设施维护等城市运行数据资源的实时采集、动态录入和管理分析。以城市网格化管理系统中确定的责任网格为基本单元，明确信息管理内容和标准要求，制定信息资源共享规程和管理办法，加强城市管理“神经末梢”建设，打造感知敏捷、互联互通、

实时共享的“神经元”系统。

2. 推进行业监管服务信息平台建设和应用。推进建筑信息模型（BIM）、建筑节能、物业服务、一体化智慧电梯、交通智能化、智慧河长、智慧城管执法等综合管理平台的建设和应用。

（1）推进建设交通领域建筑信息模型（BIM）应用，建立相关配套政策、标准规范和应用环境，构建建筑全生命周期的监管模式。

（2）完善物业管理监管与服务平台和上海物业APP建设及应用拓展，实现物业服务收费标准等信息公开化和应急维修等信息共享。

（3）加快物联网、大数据等技术的应用，推进全市电梯应急处置公共服务平台和一体化智慧电梯专业管理服务平台建设，构筑电梯安全管理链，打造智慧电梯网。

（4）构建面向综合交通的业务管理和辅助决策体系。汇聚整合行业基础数据、监管数据、营运数据，加强源头采集、质量管控，加强综合交通大数据管理和应用。推进交通信息资源向社会开放，探索车联网等技术应用，推进交通设施智能化。推进国际航运中心物流综合信息服务，加快内河航道的信息化发展步伐，基本形成覆盖面广、协同性强、透明度高的港口航运信息化应用环境。

（5）面向公交优先发展战略，推进高效智能公交骨干系统建设及公共交通综合信息采集，建设公共交通智能化示范应用工程（二期）和市级公共停车信息平台，完善道路出行信息采集网络，提高综合出行APP信息发布应用水平。

（6）在接入网约车监管平台的基础上，完善出租汽车行业监管平台，规范经营行为，实现信息互通。研究建立互联网统一叫车平台，规范巡游出租汽车派单规则，完善网络预约功能。建设互联网租赁自行车信息服务平台，开展对互联网租赁自行车企业的测评和考核，提高监管、处置水平。

（7）推进水务海洋信息化基础设施、数据和应用的资源化、集约化建设和管理，基于水务海洋公共信息平台，建设“智能防汛指挥”、“智能供水监测调度”、“智慧河长”等应用，深化防汛风险动态评估、河湖水面动态变化监测，全面支撑河长制落实、城市防汛、饮用水安全保障、中小河道综合整治和河道长效管理。

（8）推进绿化市容和环卫专业网格化系统建设和覆盖，加强各类业务管理信息系统整合和数据挖掘应用，加快智慧公园示范点建设。

（9）加快智慧城管执法建设。编制落实执法车辆装备配置标准、单兵配置标准。推进“网上办案、网上勤务、网上督察、网上考核”等核心业务系统建设和应用。建设城管执法综合指挥监管平台和案件协作联动信息化平台，整合系统内部数据和相关委办局外部数据。

3.优化升级城市网格化系统平台。完善城市网格化综合管理信息平台基础数据库，全面升级市级指挥监督系统平台，改造大屏幕显示系统、核心服务器及存储设备、网络及安全设备、城建服务热线呼叫软硬件。拓展市级指挥监督平台行业大数据汇聚共享、研判分析、综合展示功能，完善日常监控监管、督察督办、评价考核、应急指挥调度等功能。

4.构建城市综合管理信息平台，推进“城市大脑”建设。深化智慧治理，加强智能决策技术应用，聚焦规划、土地、房屋、交通、环保、建筑、水务等重点领域，以城市网格化综合管理信息平台为基础，构建上海城市综合管理信息平台，通过云计算、大数据、人工智能等科技手段，全面汇聚本市城市管理领域相关数据信息并及时分析研判，发挥信息化、智能化在改进城市公共服务管理、提升治理能力水平方面的支撑作用。

（十三）推进城市综合管理标准体系建设，全面提升城市管理标准化水平

1.全面提升城市管理标准。注重发挥标准引领化作用，以国际先进水平为标杆，建立健全与超大城市特点相适应的城市综合管理标准体

系，对城市管理工作具体范围、职责、流程、标准和法律责任等作出全面详细的规定，为精细化管理提供标尺和依据。2018年，完成制修订工地、房屋、地下空间、农村、数字化、城市管理薄弱区域、城市重要区域、交通、水务、市容景观等管理类标准。

（1）制修订工地管理类标准。重点围绕工地噪声控制、光污染控制、扬尘控制、渣土管理、废水管理、周边环境影响、交通工程文明施工等方面，编制相关管理标准，明确管理要求，全面提升工地管理规范化水平，尽最大可能减少或消除对工地周边居民日常生活的影响。

（2）制修订房屋管理类标准。对于居住小区，重点围绕公共区域秩序维护、公共区域清洁卫生、公共区域绿化养护、公用设施设备运行维护、机动车停放等方面，编制相关管理标准，全面提升居住小区在保安、保洁、保绿、保修和小区秩序等方面管理的规范化水平，建设居民满意小区；对于非居住物业，重点围绕公共区域秩序维护、公共区域清洁卫生、设施运行、外立面维护、机动车停放等方面，编制相关管理标准，明确相关管理要求。

（3）制修订地下空间管理类标准。重点围绕地下空间消防设施、民防防护设施设备、环境卫生等方面，编制相关管理标准，明确相关管理要求，落实管理责任，全面提升地下空间管理规范化水平，确保城市运行安全。

（4）制修订农村管理类标准。重点围绕村容整洁、农村基础设施使用管理、农村建筑风貌引导等方面，编制相关管理标准，明确相关管理要求，全面提升农村地区管理水平。

（5）制修订数字化管理类标准。重点围绕网格化综合管理标准，明确各类部件、事件的管理要求。

（6）制修订城市管理薄弱区域管理标准。重点围绕区域生态环境综合整治后的城镇住宅小区、公共绿地及生态林、乡村居住社区、各类园区等方面，编制相关管理标准，明确相关管理要求，巩固治理成果。

（7）制修订城市重要区域管理标准。重点围绕商贸、文化、旅游、健身、主要道路、景观区域，编制管理标准，明确区域道路、绿化、水务、建构筑物、景观、环卫、环保、秩序、安全、服务等管理要求。

（8）制修订交通管理类标准。对于市政交通设施管理方面，重点围绕公路设施养护、城市道路设施养护、路桥设施使用等方面，编制相关管理标准，明确相关管理要求，保持设施完好率；对于交通运行管理方面，主要围绕公共客运服务、公共交通站点管理、公共客运应急管理、城市货运服务、停车服务等方面，编制相关管理标准，明确相关管理要求，提高交通运行服务管理水平。

（9）制修订水务管理类标准。重点围绕水闸管理、居民小区供水服务、公共排水设施管理、防汛信息服务标准、农田灌溉设施管理、堤防海塘管理等方面，编制相关管理标准，明确相关管理要求，提高水务管理规范化水平。

（10）制修订绿化市容景观管理类标准。重点围绕建（构）筑物、城乡道路、园林绿化、公共设施、户外广告与店招店牌、公共场所等方面的景观管理，编制相关管理标准，明确景观管理要求，提高城市容貌管理标准化水平。

2. 切实抓好标准的贯彻落实。严格按照标准要求，重点加强对近郊城乡结合部、远郊农村、背街小巷、高架桥下等薄弱地区和薄弱环节的城市管理，着力提高地下管网、人行道砖、路灯、窨井盖等设施的完好率。

（十四）创新社会治理加强基层建设，提高城市治理能力，提升城市公共安全水平

1. 创新社会治理。以党建引领基层社会治理创新，遵循治理规律，增强社区自治共治、共建共享能力。发挥街道办事处和乡镇政府在城市综合管理中的基础性作用和居（村）委在城市管理中的问题发现上报和监督作用，强化市区两级职能部门对基层的服务指导。鼓励、支持、培

育社会组织发展，引导动员区域企事业单位、各类机构组织共建社区，努力形成共治善治新局面，构建党建引领的自治、共治、德治、法治一体的基层治理格局，形成社会合力。

2. 加强基层建设。着力推动管理和服务力量下沉，把基层做实做强，激发治理活力，发挥资源、服务、管理力量下沉优势，聚焦资源、综合施策，把城市管理精细化工作要求落到实处。加强社会动员，充分发挥社会各方作用，激发社会活力，畅通公众有序参与城市治理的渠道，形成全社会共同参与城市管理、共建和谐城市的良好局面，形成多元共治、良性互动的城市治理模式。

3. 深化城市文明创建。积极开展文明城区、文明社区、文明村镇、文明小区等创建评选活动，大力弘扬社会道德规范，推动社会主义核心价值观内化于心、外化于行，全面提高市民文明素养。深入实施公民道德建设工程，广泛开展市民修身等系列活动，积极推进文明居住、文明交通、文明旅游、诚信建设、志愿服务等主题教育实践活动，强化规则意识，倡导契约精神，弘扬公序良俗，树立崇法尚法思想。

4. 强化城市公共安全。牢固树立安全发展理念，强化城市安全治理，聚焦治安、消防、交通、建设、生产等领域及人员密集场所的安全管理，围绕“人、物、房、点、路、网”等关键要素，应用先进科技手段，全域、全量、多维、即时感知城市运行各类风险，依托“大数据”创新风险预警机制，整合资源形成工作合力，提高维护城市公共安全能力水平。层层压实企业主体责任、部门监管责任、属地管理责任，强化重大安全风险管控，坚持源头防范和隐患排查整治，动员全社会力量共同维护城市安全，确保城市安全运行、社会安全有序。

三、实施步骤

按照突出重点、抓住关键、锁定目标、分步实施的原则，分三阶段实施：

（一）工作启动阶段（2017年）。各责任部门和各区按照《实施意见》的要求，围绕目标任务，制定具体方案，细化具体措施，全面启动相关工作。

（二）全面实施阶段（2018年至2020年）。各责任部门和各区聚焦市民需求，围绕《实施意见》，突出重点任务，制定年度工作计划，分层分级落实责任。按照精细化管理的工作要求，明确建设标准，通过共建共治，每年创建一批示范性“美丽街区”、“美丽家园”和“美丽乡村”，让人民群众每年有看得到的成效。通过滚动实施，连点成线，连线成面，全面提升城市管理服务的精细化水平；重点推进“神经元”系统和“城市大脑”建设，为持续改进城市公共服务管理、提升城市治理能力打下坚实基础。

（三）总结评估阶段（2020年下半年）。总结经验，固化措施，形成系统化的常态长效管理机制。

四、保障措施

（一）理顺体制机制，落实工作责任。各级党委、政府要加强对城市管理精细化工作的统一领导，建立补短板工作机制，强化风险隐患排查整治，深化城市管理体制机制改革，明确城市管理各责任部门和单位的工作责任，充分发挥党建引领作用，运用联建共建等方式强化城市管理精细化工作合力，推进各项工作落实。

（二）科学编制定额，加强财政保障。修订完善城市维护管理办法，编制城市维护作业和管理定额，建立动态调整机制，确保定额编制更加科学合理，为按标准实施城市管理提供资金保障。不断加大市、区、街镇的财政投入和聚焦支持力度，健全与设施规模、管理标准等相适应的维护投入机制，对标卓越的全球城市，提升城市管理运行、维护、作业水平。

（三）加强队伍建设，做好人才保障。深化养护作业市场化改革，强化城市管理相关从业人员的教育培训，加强城市管理执法辅助人员管理，培育城市管理服务作业人员的工匠精神。坚持国际视野，内联外引，培养城市综合管理领域高层次人才，形成素质过硬、结构优化、分布合理、总量充足的管理队伍。

（四）加大宣传教育力度，营造良好社会氛围。坚持以培育和践行社会主义核心价值观为引领，把加强城市文明建设作为夯实城市管理精细化的重要基础性工作，广泛开展城市文明教育，营造精细化管理的社会氛围。运用新闻报道、公益宣传、新媒体等，强化开展城市管理法治宣传教育活动，增强市民群众和机关、企事业单位、社会组织参与城市管理的意识，引导其自觉履行城市管理方面的法定义务，自觉遵守城市管理法律法规。

（五）做好考核督查工作，加强责任追究。充分发挥科学评估和绩效考核对城市管理精细化工作的推动作用，将城市管理精细化工作纳入对各区、各街镇党政领导班子的年度绩效考核。市、区城市综合管理推进领导小组办公室要强化对《实施意见》和本行动计划落实情况的考核，加强对重点工作推进情况的督促检查，定期通报考核结果。对于执行有力、勇于探索、积极履职的单位和个人，按照国家和本市评比达标表彰有关规定予以表彰；对执行不力、推诿扯皮、消极应付的单位和个人，依法依规予以严肃问责。

附件五　浦东新区加强城市管理精细化工作三年行动计划(2018—2020年)

为贯彻落实市委、市政府《关于加强本市城市管理精细化工作的实施意见》(沪委发〔2017〕25号),根据《关于落实加强本市城市管理精细化工作实施意见三年行动计划(2018—2020年)》(沪委办发〔2018〕5号),按照区委、区政府工作部署和具体要求,结合新区实际,制定本行动计划。

一、指导思想

全面贯彻党的十九大精神,以习近平新时代中国特色社会主义思想为指导,落实中央城市工作会议和上海市加强城市管理精细化工作推进大会精神,坚持以人民为中心的发展思想,对标最高标准最好水平,对照群众对美好生活的需要,围绕发展不平衡不充分的突出问题,以全覆盖、全过程、全天候为着力点,综合运用法治化、社会化、智能化、标准化手段,抓住关键细节和细微之处,强优势、补短板、破瓶颈,以绣花般的细心、耐心和卓越心,为人民群众提供精细的城市管理服务,让市民生活更有品质,让浦东更有温度、更富魅力、更具吸引力。

二、工作目标

围绕“城市更有序、更安全、更干净，生活更方便、更舒心、更美好”的总体目标，进一步优化城市综合管理体系，进一步创新社会综合治理模式，进一步提升城市管理精细化能级，以全区市容环境品质提升为方向，建设可以漫步的美丽街区；以“一街镇一示范小区”为引领，建设有温度的美丽家园；以美丽庭院试点为抓手，建设宜居、宜业、宜游的美丽乡村，实现城市设施、环境、交通、应急（安全）等方面的常态长效管理水平全面提升，市民对城市管理的满意度明显提高，打造与上海建设卓越的全球城市和开放、创新、高品质浦东相适应的一流城市环境。

三、重点任务

（一）有效巩固“五违四必”区域环境整治成果，持续推进存量违法建筑整治。

1. 开展无违建居村（街镇）创建工作。力争到2018年底全区无违建居村的创建完成率达到60%；全区无违建街镇的创建完成率达到60%。力争到2019年底，全区无违建居村、无违建街镇的创建完成率均达到90%。

2. 持续推进“居改非”整治。结合“五违四必”生态环境综合治理、住宅小区综合治理、违法违规经营综合治理等工作，依法重点整治一批安全隐患突出、噪声扰民、油烟污染、环境脏乱差等人民群众反映强烈的“居改非”场所，全面遏制新增蔓延现象。

2019年，全面消除住宅小区内利用“居改非”从事违法经营活动的行为，总体实现可控有序。

（二）加大水环境治理力度，做好供水和防汛管理。

1.推进中小河道综合整治。国考、市考全面达标，全区河道水质基本消除劣五类，重要河湖水功能区水质达标率达到78%，全区水面积只增不减。一是继续深入推进城乡中小河道整治工作，加强生态景观河道和特色水系建设。2018年完成1020条中小河道和47条骨干河道整治。其中，一季度编制完成劣五类水体区域化治理方案；二季度完成1020条段中小河道治理；年底基本完成47条段骨干河道整治。2019年落实河道全断面的养护工作，推进劣五类水体区域化治理，确保劣五类水体占比小于15%。二是加强骨干河道整治，持续推进芦胜河、沈沙港和三八河等20公里骨干河道整治工程。其中，2018年完成5公里河道整治；2019年完成5公里河道整治；2020年完成10公里河道整治，河道设施养护率达到100%。三是推进断头河整治。2018年完成纳入市考核任务的断头河项目审批并开工，2019年完成建设。四是全面落实河长制。按照“河道名录、河道管养、河长责任、水质监测、监督考核”等“五个全覆盖”的要求，全面落实河长制。不断加强长效管理，以“1+3”河道管理养护考核体系为依托，结合河道巡检系统和河长APP等信息化手段，开展河道水质常规检测、河道养护监理巡查，加强对河道养护和河长履职的考核，全面提升河道管养水平。

2.开展雨污混接改造。全面开展水污染防治工作，推进岸上污染源的达标整治并加强常态长效管理。一是对378个老旧小区和农民新村的雨污水混接问题进行雨污水分流与截污纳管改造，共46个项目，包括房屋出户管道改造、建筑阳台立管改造、雨污水分流和污水纳管、相关道路和绿化翻修工程等，计划分两批实施，2018年完工。二是对254家区级机关事业单位房产进行雨污水分流与截污纳管改造，计划于2018年完工。

3.提高污水收集处理能力。污水收集管网社区范围全覆盖，农村污水治理全覆盖。城镇污水集中处理率达到96%。一是推进海滨和临港两座污水厂扩建与永久排放管新建工程，处理规模从26万立方米/天提高到40万立方米/天，出水水质达到一级A标准。二是完成浦东污水厂污泥永久性处理处置工程，日处理湿污泥800吨。建成周浦和川沙两座通沟污泥处理站，污泥处理率达到90%以上，有效减少二次污染。三是实施申江南路、沪南公路、人民西路、下盐公路等污水管网新建和改造项目，新建污水管道41公里。四是完成农村生活污水治理全覆盖。全区需提标改造农户约13.7万户，其中纳管约11.6万户，就地处置约2.1万户。

4. 做好供水安全管理。进一步提高区域供水安全保障能力，新区供水能力达到306万吨/日，水质合格率达到100%。一是完成南汇北水厂一期工程。新建20万吨/日水厂，同步建设深度处理及污泥处理设施，计划2019年基本完成土建工程，2020年竣工通水。二是完成金海水厂二期工程。新建40万吨/日的常规处理设施和污泥处理设施，计划2018年基本完成土建工程，2019年竣工通水。三是推进老旧供水管网改造。按照一网分片布局，推进区域供水连通管建设和泵站的更新改造，继续推进低水压管网和郊区小口径供水管网改造，完成南片240公里（DN100-DN1200）老旧供水管道改造。四是完成居民二次供水改造。满足居民对更好用水水质需求，按照市里的要求和标准，全面完成2000年以前建成住宅小区的二次供水设施改造，明确产权归属，理顺供水管理体制。其中，2018年完成中心城区改造小区的设施移交，完成郊区700万平方米的老旧小区改造及移交。

5. 提升排水防汛水平。中心城区的区域除涝按照“20年一遇”标准逐步改造，郊区基本达到“15年一遇”标准并逐步向“20年一遇”标准过渡。中心城区建成区排水标准逐步达到“5年一遇”标准，郊区不低于“1年一遇”标准。一是推进片区外围排涝泵闸建设。加快实施严家港泵闸和赵家沟东泵闸新建工程。其中，严家港泵闸计划于2018年通水，赵家沟东泵闸计划于2020年通水。二是进一步完善排水系统。新建张家浜、培花、妙境北等6座雨水泵站。其中，2018年和2019年各完成

3座。实施张家浜和听潮2个区域性雨水系统完善工程，中心城区基本消除雨水排水空白区。加强水闸、排水设施等的建设、养护和管理，排水管道设施检查、抽检合格率稳定达到95%以上。三是继续推进积水点改造。结合老旧小区雨污水分流开展17个老旧小区积水点改造，2018年基本完成。开展31个镇村管下立交改造，提高防汛标准，2018年基本完成。实施6条区管道路、3条开发公司管道路以及19条镇管道路的积水点专项改造，2018年基本完成。四是有序推进海绵城市建设。在临港试点区79.08平方公里范围内开展海绵城市建设，大力倡导源头减排、过程控制、系统治理，从源头上削减径流总量，减少城市面源污染，实现“小雨不积水、大雨不内涝、河道不黑臭、热岛有缓解”的总体目标。

（三）深入推进生活垃圾、建筑垃圾等各类垃圾的综合治理。

1. 继续推进生活垃圾分类减量。生活垃圾管理重心进一步由末端处置向源头收运倾斜，不断完善和优化分类减量体系。一是继续深化“大分流、小分类”机制，积极引导和推广绿色账户项目覆盖，提升资源化利用水平。计划2018年绿色账户新增40万户，累计覆盖94万户，源头生活垃圾分类新增30万户，建设453个再生资源回收网点，建成再生资源回收站18个；2019年绿色账户再新增30万户，源头生活垃圾分类再新增30万户，新建再生资源回收网点680个、再生资源回收站11个、集散场1个；2020年源头生活垃圾分类覆盖182.5万户，绿色账户覆盖182.5万户，新建再生资源回收网点680个、再生资源中转站7个。二是继续推进生活垃圾收运一体化管理及综合单价和区域总量核定模式的探索试点，条件成熟后在面上推广。

2. 加快建设生活垃圾处理设施。一是推进湿垃圾集中处理设施建设。计划2019年建成黎明有机质固废处理厂二期工程，建设规模为700吨/日（其中餐饮垃圾300吨/日，厨余垃圾400吨/日），全区湿垃圾处理能力达到1000吨/日；同时在部分机关单位食堂开展小型生化就地处理设施建设。二是完善生活垃圾中转网络。完成陈行（800吨/日）、合庆（600吨/日）、高桥（300吨/日）、新场（450吨/日）等生活垃圾中转站项目建设。其中，陈行和合庆中转站计划于2019年建成。

3.构建建筑垃圾处置体系。加强建筑垃圾源头管理，实施建筑垃圾预处理，推进建筑垃圾中转设施和消纳场所建设。一是建成新区北部建筑装修垃圾资源化处置项目，处理规模2000吨/日，协助市绿化市容局推进老港固废基地装修垃圾资源化利用中试项目和建筑垃圾填埋场项目，为解决新区南片地区装修垃圾的资源化利用创造条件。二是利用老港填埋场周边生态林带、滨江公园二期、三甲港川杨河口南侧圈围造地工程2号围区、浦东机场3号d2围区和南汇东滩围海造地等项目，落实建筑渣土、工程泥浆、工程垃圾等消纳装卸点，完成3个临时建筑垃圾资源化利用处置点建设。三是完善北蔡、三林分流转运中心的装修、大件垃圾转运功能，增配分拣、破碎设备；利用高行、临港新城等分流转运中心的建设，落实装修、大件垃圾转运功能。四是建立渣土管理智能化发现处置机制。打通各部门数据链，建立源头、道路监控，通过比对分析、信息推送，实现管理闭环、数据循环。

（四）补齐市政市容管理短板，全面提升市容市貌环境整体水平，推进美丽街区建设。

1.提升市容环境品质。突出重点区域，制订指导性标准要求，开展示范性美丽街区建设，以主要道路及两侧区域、主要休闲服务功能区域、市民集中居住区域等3类区域为重点，突出道路设施、城市家具、沿街绿化、建筑立面、招牌广告、景观灯光等内容，全要素规划建设，推动市容环境品质进一步提升。

2.推进市容环境“五乱”治理。深入开展“乱设摊、乱占道、乱设广告、乱张贴、乱抛物”专项治理，加大城乡结合部、背街小巷等环境薄弱区域的整治，全面完成三年治理计划549个任务单元整治的项目收尾、拾遗补缺、成效巩固工作。梳理浦东新区市容环境管理的短板，形成项目清单，借鉴“特定区域”治理三年行动项目化模式，滚动实施、精准施策。深化无序设摊治理，开展占道亭棚综合治理，逐步消除市容环境短板，不断提升市民宜居度。

3.落实责任区管理制度。全面落实《上海市市容环境卫生责任区管理办法》，以区域化党建为引领，实现责任区示范道路、示范性责任区管理自律自治组织创建全覆盖，提升中小道路沿街商铺生活垃圾上门收集的水平，组织重点人员培训，开展责任区管理主体宣传活动，每月组织开展一次“我的门前我清洁，我的区域我负责”城市清洁行动。

4.加强户外广告、店招店牌和景观照明管理。加快推进《浦东新区灯光照明建设管理专项规划》《浦东新区夜景照明控制规划》的编制和《浦东新区户外广告设施设置实施方案》的落地。编制户外招牌设置导则，建设完善黄浦江沿线、陆家嘴区域、新区行政中心、前滩地区、迪士尼周边、张江地区等区域的景观灯光设施，形成一批区域亮点和精品。继续开展户外广告专项整治，2018年基本完成重点区域、重点类型的违法户外广告设施整治工作；2020年，基本完成一店多招、屋顶招牌和大型侧招整治工作。重点区域、重要路段、黄浦江滨江沿线景观提升。

5.提升城市绿化水平。聚焦小微、聚焦民生，改善群众最关心、最迫切的社区绿化环境，打造更多绿化景观亮点，让城市更有温度和温情。加强绿地与行道树的巡查督查，提升绿化养护、公园服务水平和陆家嘴、世博区域等重点区域花卉景观布置水平。结合缤纷社区建设，聚焦打造街心花园（口袋公园）、街角广场、活力街巷，力争在2018年9月底前实现路口景观提升全覆盖，完成绿化特色道路的改创建。

6.强化城市保洁工作。完善道路扬尘污染防治机制，规范作业服务流程、合理配置工艺，不断提升道路机械化保洁水平。到2020年，实现新区清扫保洁服务全覆盖，道路机扫率达到92%，冲洗率达到70%，重点区域全面实施道路吸尘。道路整洁优良率达到92%以上。

7. 落实“三重”保障。通过景观提升、设施配备、加强保洁等，做好“重大活动、重要时段、重点区域”的市容环境保障。

（五）加强房屋使用安全管理，持续开展住宅小区综合治理，推进美丽家园建设。

1. 强化房屋使用安全隐患整治。一是推进老旧住房安全隐患处置，健全房屋安全隐患排查处置机制，全面完成排查发现的135.6万平方米一般损坏房屋的解危处置工作。二是强化住宅小区消防安全管理，推动智慧消防社区建设，构建智能消防预警系统，实现居民小区消防安全信息化管理；将消防安全管理纳入住宅小区项目经理必训课程，推进项目经理取得消防执业或通用工种技术资格；推动住宅小区规范化门岗（门卫室）按标准建成微型消防站，并实体化运作。三是全面提升居民用户燃气使用的本质安全度，在全区实现液化气统一和规范配送到户。

2. 做好“留、改、拆”工作。一是推进新场镇、航头镇、川沙新镇、大团镇4个历史文化风貌区的核心保护区内里弄房屋实施保护性修缮改造试点、核心保护区外厨卫综合改造共约3万平方米。二是积极推进城中村改造。

3. 推进住宅小区综合治理。一是加强老旧住房综合改造，积极推进屋面及相关设施改造、多高层综合整治、厨卫综合改造、拆除重建（含多层不成套房屋改善型大修项目）等，推行“一街镇一示范小区”。二是推进二次供水设施改造和雨污分流改造。三是加强住宅电梯安全评估和修理改造更新，完成600台使用年限满15年的住宅电梯风险评估工作（不限房屋属性）；对接安全评估结论，对存在安全使用隐患的住宅电梯，基本完成修理、改造、更新任务；建立住宅小区老旧电梯修理、更新、改造出资机制。四是加强电动自行车充电设施建设，以中心城区重点区域和老旧小区为重点对象，完成既有住宅小区电动自行车充电设施新建480个，减少消防安全隐患。五是加强物业管理行业监管，培育6家品牌物业服务企业，建立1000名具备专业素养的住宅小区项目经理队伍；完成900个住宅小区管理处和主要出入口门岗（门卫室）等标准化建设；依托行业协会，完善物业行业管理服务标准。六是推进小区智能安防建设。逐步在全区居民小区中推广智能安防系统和安保系统。七是推进业委会建设。符合条件的住宅小区业主委员会组建率达95%，业主委员会规范运作达标率达75%以上。

（六）提升农村基础设施水平，改善农村生态环境，推进美丽乡村建设。

1.加快推进村庄改造。根据新一轮基本农田规划梳理情况，加快15个村村庄改造，实现基本农田保护区规划保留农村地区的村庄改造完成率达到100%；加快建设村庄照明设施，率先实施村内主干道亮灯工程。完成通源东路等30余项道路桥梁维修工程；持续提高农村公路的管理养护作业队伍整体素质；实施“四好”农村路建设。

2.提升农村风貌品质。以美丽庭院建设为抓手，推进美丽乡村建设。坚持试点先行、以点带面，通过机制推动、氛围促动、活动带动等方式，引导村民投工投劳、出资出智，家家参与、人人动手，一人带动一家、一家带动一宅、一宅带动一村，共同参与美丽庭院建设，以勤劳的双手建设美好家园，营造洁净优美、文明和谐的农村社会环境，夯实美丽乡村建设的基层基础。重点围绕“清理整治环境整洁美、栽树种花绿化生态美、健康生活弘扬新风美”，2018年4月底前，在13个镇31个村开展美丽庭院试点建设，5月份在全区面上逐步推进，年内完成60个自然村宅（队组）点的美丽庭院建设。到2020年，实现美丽庭院、美丽乡村建设全覆盖，建成20个市级美丽乡村示范村和40个区级美丽乡村示范村。推进新一轮“农林水”联动三年行动计划落实。

（七）加强交通组织管理，继续提升交通服务水平。

1.加强交通设施管理和交通组织。一是完成3条区区对接路打通工作，2018年建成2条，2019年建成1条。二是进一步完善城市道路等基础设施移交接管机制。明确设施通车后正式接管前管理养护责任主体，优化设施移交手续，保障养护有序衔接。三是完善慢行交通设施。在日常养护中，对非机车道、人行路面不平整，慢行交通标志损坏、标线淡化等问题进行整治；根据慢行交通实际需求，对部分道路增设隔离护栏，提高安全系数。四是保障无障碍设施连续、畅通。对区管、镇管道路上无障碍设施情况进行排摸和梳理，在日常养护中，对无障碍设施不连续、不畅通的道路进行及时整改。五是推动互联网租赁自行车规范发展、有序停放，进一步优化新区互联网租赁自行车停放秩序，为市民创造良好的绿色出行环境。建立新区互联网租赁自行车监控服务平台及超量预警系统，加强动态监测；完成道路非机动车停放点规划编制；梳理现有的停放点位，增加一批、去除一批、整改一批；加强测评和考核，引导企业规范运营；根据市交通委总量控制的相关要求，做好新区调控工作。试点区域共享单车智能化管理，在陆家嘴地区探索智能化管理模式，并逐步向其他区域推广。六是加强交通组织管理。根据新区道路交通流量变化，对部分道路路口进行渠化改造等措施，增加道路交叉口通行能力，提升道路服务水平；在潮汐式交通流特征明显的路口（段）增设可变车道；在停车设施配套滞后、停车难问题突出的小区周边挖掘增设夜间道路停车场；提高平交路口灯控率；加强交通信息化建设和应用，助力交通管理工作。七是加强标志、标线等交通设施管理。对标线淡化通过复线来处理，对旧线泛出通过采用水清除设备处理，对交通标志破损等问题采取修复和调换处理。

2. 做好市政基础设施施工组织管理。市、区两级重大市政工程文明工地争创范围全覆盖，市、区重大工程在建工地重大危险源、主要出入口监控全覆盖，2018年文明施工达标率98%以上；进一步加强市、区重大工程周边交通组织管理，优化施工组织设计，力争把工程施工对周边交通影响降低到最小限度；重点项目积极推广建筑信息模型（BIM）技术，争创市重大工程文明工地升级示范版；提高市政重大工程开放交通段养护管理水平。

3.提升公共交通服务品质。一是优化调整地面公交线网，2020年完成所有镇地面公交线网“一镇一策”的优化调整，计划调整不少于90条公交线路，完成3条公交“客运走廊”上不少于10条公交线路的优化调整，建成4处公交首末站。二是提高现有公交专用道使用效率，通过民警现场执法与电子警察相结合，至2020年适当增设公交专用道电子警察，使社会车辆侵入公交专用道违法率下降50%。三是推进两网融合，至2020年，完成4处轨交站（16号线鹤沙航城站、野生动物园站、惠南东站、书院站）配套枢纽的交通需求精细化研究；完成轨交配套公交枢纽专项规划的编制以及轨交10、13、14、18号线港湾站配套和公交线网配套，优化调整公交线路不少于20条，实现新开通轨道交通站点周边50米内配套公交基础设施；不断延长外环外接驳轨交的公交线路运营时间，至2020年，在确保至少有一条地面公交线路与轨交末班车时间衔接的基础上，全面实现外环外与轨交站点接驳的地面公交末班车不早于19:30。四是完善公交出行服务平台，所有新辟公交线路及时纳入“上海公交APP”，逐步推广公交站点车辆实时到站信息发布，至2020年，实现95%以上公交站点公交车辆实时报站信息发布全覆盖。五是提高公交站牌信息及实时到站信息预报准确率，2018年实现公交站牌信息（静态信息）准确率98%以上，2020年底实现公交实时到站信息预报（动态信息）准确率90%以上。六是推广公交客流采集系统，结合3条客运“走廊建设”，至2020年，在250辆公交车上安装客流采集装置。

4.加强出租汽车管理。一是推进区域出租车行风建设。二是缓解陆家嘴区域打车难现象。在陆家嘴区域选取“2+X”点位建立区域出租车扬招点（室外及楼宇内），通过高峰时期提升陆家嘴区域电调费用、在重大节日及重要活动时由政府进行托底等措施引流出租车进入小陆家嘴区域，保障重点区域人员通勤的需 求。三是加强对非法客运及出租车挑客、拒载和绕道多收费等现象的执法力度，进一步规范出租客运市场营运秩序。

5.改善停车管理。一是统筹静态交通规划发展。二是推动停车资源共享利用。做好基础数据普查排摸，掌握供需基本情况，逐步引导第三方企业积极参与，至2020年，新区完成停车共享项目48个，实现3000个停车泊位的共享利用。三是实现大数据综合开发利用，通过停车数据收集为行业决策提供辅助；完成陆家嘴区域诱导屏的改建。三是完善浦东新区郊区特别是远郊地区P+R停车设施规划，在综合分析需求和用地条件基础上，研究规划增加P+R停车设施。四是加强道路停车管理。至2020年，落实新区道路停车POS机收费模式全覆盖；建设移动POS机后台管理系统，为智能化停车场建设打下基础。

6.加强交通安全管理。一是加强对道路货物运输的动态监管。建立危货第三方监控机制，落实对第三方企业制度规范和考核机制，试点推行防疲劳驾驶系统等安全预防技术的推广应用，加强与执法部门的联勤联动；完善普货“货物运输综合运政管理系统”，至2020年，实现对全区道路运输货运业态的远程监管和安全风险预警机制，建立重点监管运输企业分级分类监管制度。二是加强对航道动态监管。加强“危、客”码头动态监管，主要航道开展视频监控系统试点，至2019年，新区实现主要航道监控覆盖。三是加强对新区公交安全的监管。

（八）加强施工组织管理，做好建设工程文明施工。

1.落实工程质量安全管理责任。一是完善工程安全管理制度和责任体系，强化落实五方主体项目负责人质量终身责任，尤其是宣传落实建设单位的首要责任。督促落实项目负责人和其他关键岗位人员的责任，全面落实“带班制”要求。“两书一牌”（五方责任主体授权书、责任书和永久性责任铭牌）落实率达到100%。二是推进质量行为管理标准化和工程实体质量控制标准化。加强对现场机构、技术、材料、分包、施工、验收的质量标准工作实施情况的监管。到2020年底，新开工房屋建设项目质量标准化覆盖率达到100%，在建房屋建设项目覆盖率达到98%，质量标准化优良率达到20%。三是建立“五位一体”征收安置房建设质量安全管理责任网络。

2.加强工程质量安全监管。一是继续推行建设工程质量安全巡查制度，巡查覆盖率逐年提高，问题整改率达到100%，行政处罚公开率达到100%。二是健全工程质量安全监管工作机制，加强对建筑改扩建、装饰装修、工程加固项目的质量安全监管，尤其是对上述项目存在擅自增加面积、改变承重结构等情况移送有权处置部门的机制。严格限额以下小型建设工程安全监管，指导督促属地街镇加强对限额以下小型建设工程的安全监管。三是进一步强化工程质量监管。加强保障性住房和租赁住房工程质量监管，提高征收安置房建设标准，开展征收安置房建筑立面、社区规划课题研究，出台新区安置房设计导则和新区安置房社区规划导则。开展钢筋工程、混凝土工程、深基坑、建筑节能、装配式工程、安装工程等专项检查和监督抽检。加大装配式建筑检查力度，稳步提高新区装配式建筑工程质量水平。四是推进施工现场实名制管理台帐和带班制度台帐的建立和完善，至2020年底，达到95%以上。推进标准化考评工作，施工现场总包单位标准化考评合格率至2020年达到95%以上。施工现场危大工程申报备案准确率至2020年达到100%，每年度选取一项危大工程或者易发事故隐患进行专项治理。

3.强化建设工程文明施工管理。一是严格落实文明施工，制订和完善文明施工达标工地基本标准，不断提升文明施工达标工地比率，2020年建设工地文明施工达标率达98%以上，外环以内达到100%。二是持续推进噪音、扬尘等在线监控系统的安装和使用，不断加强现场实时管理。实施工地信息化监管，安装

“全球眼”远程视频监控系统，实现全区在建房建工地100%信息化监管全覆盖。积极研究相关监控系统的安装、监管、维护等长效机制。三是推进绿色建筑稳步发展，住宅绿色建筑创建率达到100%。四是强化建设工程废弃混凝土资源化利用，在废弃混凝土资源化处置点与新区建设规模基本匹配的前提下，力争到2020年末，外环内建设工程废弃混

凝土规范处置率达到100%，推动建筑工地垃圾“零排放”。

（九）加强地下空间和各类管线管理，消除安全隐患。

1.加强地下空间管理。制订地下空间规范管理办法，将地下空间纳入网格巡查管理；深化地下空间安全使用管理监督检查机制；强化民防工程、普通地下室、轨道交通站点等安全管理；积极推进地下空间安全管理属地化建设，落实地下空间权属、使用和管理单位的主体责任。分批分类对190处老旧民防工程进行整治，其中回填处理31处、加固处理114处、维护处理45处，并对其中159处安装技防设备。

2.加强各类管线管理。成立新区架空线入地和合杆整治联席会议及指挥部，编制架空线入地规划和三年行动计划，全面启动架空线整治，分阶段推进各类架空线入地。2018年完成内环内和张江区域的部分主次干道共计约31公里的架空线入地及合杆整治；2019年和2020年各完成30.75公里的架空线入地及合杆整治。完善地下管线管理体制机制，保障各类管线安全运行。

（十）完善城市网格化管理体系，提升城市综合管理效能。

1.加强城市网格化管理体系建设。完善城市运行综合管理体系，实现纵向到底、横向到边，全覆盖、全过程、全天候的管理。探索城市运行综合管理标准化建设，梳理城市运行管理的标准化职能体系，形成全区自上而下、规范统一的管理和处置标准。推进平台一口受理体系建设，加强区城运平台与市级各类热线平台互联互通，加强与行业管理资源对接联动，优化社会发现机制。深化“两级平台、三级架构”的标准化、规范化建设，制订统一的管理办法和规范制度，加强城市网格化综合管理各层级组织的建设和规范运行。夯实监督评价体系，完善全区动态监督考核评价方案，坚持“责任制、监督制、追责制”三制联动，落实“明责、履责、负责、追责”四责合一。实行街面执法实效末尾单位挂牌督办，实现城镇化区域街面道路突出违法行为基本消除、街面环境秩序明显改善。深化预警体系建设，推进区突发事件预警信息发布中心建设，健全预警发布工作机制和管理规范，拓展预警信息发布内容。优化联动指挥体系建设，完善组织架构，健全运行机制、着力提升应急状态下快速处置响应的能力，实现应急指挥中枢化、综合调度可视化、现场决策智能化。加强城运人才队伍体系建设，加强全区指挥长队伍建设，加强两级平台管理人员、信息员、监督员管理，建立业务培训、双向交流、达标评优等制度，着力提升人员队伍专业水平和综合能力。推进各级综治中心实体化建设。

2.优化城市网格化管理工作机制。强化运行机制监测，在日常运行管理中，查找薄弱环节，配套建立改进机制，提升运行实效。提升联勤联动实效，按照“两级平台、三级联动”的模式，坚持“条块结合、力量下沉、做实基层、以块为主、统一协调、分级负责、职责法定”的原则，不断完善“区、街镇、联勤联动站”三级联勤联动工作。深化联席会商机制，通过疑难工单联席会商研判工作，积累形成研判成果，形成典型案例派单规则，着力破解交叉管理、多头管理、管理盲区等瓶颈。完善平台标准化运行管理，着力解决网格和热线工单派单规则不清晰、处置标准不统一、街镇水平不均衡等问题。提升智能化绩效监控，着力解决绩效监管不严、处置速度不快、处置质量不高等问题。提高视频发现能力，着力解决问题主动发现能力较弱、视频发现量偏低、发现机制不尽科学等短板。

（十一）依法从严治理，提升城市管理法治化水平。

1.细化完善法治保障。完善建设管理、房屋管理、水务管理、交通管理、绿化市容管理、消防管理等方面的法治保障。推动轨道交通安全、生活垃圾管理等地方性法规、政府规章的“立改废释”和相关政策的制定实施，加强对高层建筑、居家养老、民宿、城市更新等新情况新问题处置的制度制定。

2.进一步深化城市管理执法体制改革。完善1232项已综合的城管执法事项，有条件的逐步扩大综合执法事项范围。调整体制框架，优化城管执法机构设置和人员力量配备。改革管理模式，通过机制平台等多种方式，加强各层面城管执法队伍与其他执法队伍的联合联动。2018年，梳理和解决前一轮改革中的问题，进一步完善1232项已综合的城管执法事项；2019年，逐步扩大综合执法事项范围，建立机制、完善制度，形成新的管理模式；2020年，进一步完善新的工作机制、规范和流程等。

（十二）加强信息系统建设应用和信息共享，提升城市管理智能化水平。

1.加强城市管理基础数据库和“神经元”系统建设。建设和完善房屋、住宅小区、地下空间、港口航道、交通运输、道路桥梁、河道湖泊、地下管线、绿化市容、石油天然气管线、沿街商户等城市管理基础数据库，完善基础数据日常管理和更新机制。推进智能感知技术应用，强化视频图像、交通运行、环境检测等城市运行数据资源的实时采集、动态录入和管理分析。以城市网格化管理系统中确认的责任网格为基本单元，明确管理内容和标准要求，推进信息资源共享建设，打造感知敏捷、互联互通、实时共享的“神经元”系统。2018年，完成新区城市管理基础数据梳理，制定管理规程，落实更新机制，推进信息资源共享，加强综合执法与行业管理、多部门之间的互联互通，形成相关领域的基础数据库。依托城市网格化管理系统，在部分重点区域推进“神经元”系统建设，通过基础设施智能化改造、视频图像等智能感知设备的区域覆盖建设，实现数据实时采集，并按专题进行展示和分析，计划完成任务总量的50%。2019年，形成新区城市管理基础数据库，完善机制、标准和流程等。推进全区“神经元”系统覆盖建设，实现区重点区域的全覆盖。推进数据资源实时共享，运用大数据、人工智能等技术，对城市运行数据进行智能分析，实现各类问题风险的及时智能化处置，计划完成任务总量的70%。2020年，进一步梳理和完善城市管理基础数据库；进一步推进“神经元”系统建设，完成全区40%街镇区域的覆盖；进一步完善机制、标准和流程等。

2.推进行业监管服务信息平台建设和应用。一是建筑管理。推进BIM、建筑节能、物业服务（包括一体化智慧电梯）、交通智能化（包括内河海事智能化）等综合管理平台的建设和应用。建立适用于BIM技术应用的项目立项、审批、验收、审计和归档等环节的监管模式，有效提高行政审批和监管效率；加强BIM应用能力建设，提升工程总承包、设计、施工、工程咨询等企业BIM技术应用能力。二是城管执法。加快“智慧城管执法”平台建设，在对接新区管理平台的基础上，加强信息资源整合和数据挖掘应用，加快建设核心业务应用，推进多平台应用拓展，实现指令及时下达、任务灵活可控、信息实时共享、定位动态可视的执法管理体系。2018年，建设完成“网上勤务”“网上办案”“网上督察”“网上考核”“移动执法APP”等应用，打通部门间数据壁垒，整合信息资源，实现指挥大屏、PC端、移动端等多平台共享。执法人员移动执法终端、执法记录仪配备率达到100%，执法车辆视频监控配备率达到30%。加强队伍建设，制订执法队伍建设标准，明确执法工作流程和装备使用制度，加强信息管理人才培养，提升专业能力。2019年，进一步落实执法装备、车辆等执法保障，完善制度标准。结合执法装备、GIS和人工智能技术，实现区域联合监管的智能化调度。执法车辆视频监控配备率达到100%，实现采集图像的信息共享。建设“城管智能档案”应用，通过大数据、人工智能等技术，动态分析案件分布、频率、对象等情况，掌握问题发展趋势，提供预警及建议方案，加强事前管控。2020年，在重点监管区域推进三维地图测绘及BIM应用。进一步提高智能化应用能力，完善机制、标准和流程。三是完成景观灯光监控中心软硬件改造。提高景观灯光管理效率，扩大景观灯光管理范围，应用现代无线控制、大数据统计、高分辨率视频等信息技术，实现监控中心集群化，管理精细化、智能化，服务多样化，以及终端设备规范、小型化，数据统计模块化。应用移动终端，配合相应APP，实现信息到人、控制到位、定位精确、信息安全的新一代景观灯光管理功能。四是整合水务管理信息平台。以在建的浦东水务信息共享云平台为基础，整合完善新区水务监测数据、设施数据、水务建设工程数据、防汛及应急管理、规划管理、基础地理信息等各类信息资源，建成基于“浦东水务一张图”的集基础数据、信息集成、移动应用、综合管理等功能为一体的统一支撑平台，通过信息化手段，不断提高新区水务管理的精细化水平。五是完善道路桥梁管养信息系统。以环保子平台为基础，整合道路桥梁基础数据，完善对养护机械作业的监管，加强对公路和城市道路日常养护的管理，桥梁病害的日常检查，做到病害及时发现和处置。六是推进综治信息平台建设和应用。建立“基础数据+应用模块”工作平台，逐步实现治安要素等数据的可视化展示、动态化关联、智能化分析，推动事后追溯向事前预测预警预防转变。

3. 优化升级城市网格化系统平台。一是依据市级平台新的管理标准和技术标准，结合浦东实际情况，升级完善城市网格化管理信息系统各项基础功能，优化系统界面。二是不断优化城市网格化信息系统数据管理，构建城市网格化大数据信息库，提升数据查询、功能统计和智能分析的性能和效能。三是结合大数据分析、人工智能等技术手段，开发智能辅助派单系统，实现案件信息智能分析和人工判断相结合的派单模式，提升系统派单智能化水平，提高派单正确率，减少人力资源。四是升级优化“城管通”“移动处置”和“浦东e家园”等移动端应用的功能和性能。

4. 构建城市综合管理信息平台，推进“城市大脑”建设。一是拓展城市运行综合管理广度，梳理社会治理重点事项，建立相应管理标准，逐步将社会治理问题内容纳入城市运行管理平台推动解决，积极推动社会管理和社会治理的一体化，提高城市运行管理的综合度。二是挖掘城市运行综合管理深度，扩大城市运行综合管理特征检测指标，不断提高城市运行管理的“观测度”和“敏锐度”，精准评估城市运行状态。三是提升城市运行综合管理智能度，探索建立自动巡检系统，实现城市管理问题的自动检测、识别和报警主动发现，提升城市运行动态化综合管理监管水平。四是通过海量数据采集分析、跨部门业务融合贯通，建立城市综合运行体征监测、决策支持系统，构建形成“事件驱动、规则判断、联动处理、流程监管”的智能协同体系。五是通过视频监控、移动视频、部分传感终端与业务系统的智能协同，实现人机结合、人网结合，达到城市运行管理事件从自动发现报警到协同业务系统完成处理的全过程管理与监控。

（十三）推进城市综合管理标准体系建设，全面提升城市管理标准水平。

1.全面提升城市管理标准。建立健全与超大城区相适应的城市综合管理标准体系，对城市管理工作的具体范围、职责、流程、标准和法律责任等作出全面详细的规定。2018年，完成工地、房屋、地下空间、交通等管理类标准制定。

2.切实抓好标准的贯彻落实。严格按照标准要求，重点加强对近郊城乡结合部、远郊农村、背街小巷、高架桥下等薄弱地区和薄弱环节的城市管理，着力提高地下管线、人行道砖、路灯、窨井盖等设施的完好率。

（十四）创新社会治理，加强基层建设，提高城市治理能力，提升城市公共安全水平。

1.创新社会治理。以党建引领基层社会治理创新，遵循治理规律，增强社区自治共治、共建共享能力。发挥街镇在城市综合管理中的基础性作用和居村问题发现上报和监督作用，强化区职能部门对基层的服务指导。鼓励、支持、培育社会组织发展，引导动员区域企事业单位、各类机构组织共建社区，构建党建引领下的“自治、共治、德治、法治”一体化推进的基层治理格局，努力形成共治善治新局面。

2.加强基层建设。着力推进管理和服务力量下沉，把基层做实做强，激发治理活力，发挥资源和管理、服务力量下沉优势，聚焦资源、综合施策，把城市管理精细化工作要求落到实处。加强社会动员，充分发挥社会各方作用，激发社会活力，畅通公众有序参与社会治理的渠道，营造全社会共同参与城市管理、共建和谐城市的良好局面，形成多元共治、良性互动的城市治理模式。

3.深化城市文明创建。积极开展文明城区、文明社区、文明村镇、文明小区等创建活动，大力弘扬社会道德规范，推动社会主义核心价值观内化于心、外化于行，全面提高市民文明素质。深入实施公民道德建设工程，广泛开展市民修身等系列活动，积极推进文明居住、文明交通、文明旅游、诚信建设、志愿服务等主题教育实践活动，强化规则意识，倡导契约精神，弘扬公序良俗，树立崇法尚法思想。

4.强化城市公共安全。牢固树立安全发展理念，强化城市安全治理，聚焦治安、消防、交通、建设、生产等领域及人员密集场所的安全管理，围绕人、物、房、点、路、网等关键要素，应用先进科技手段，全域、全量、多维、即时感知各类城市运行风险，依托大数据创新风险预警机制，整合资源形成工作合力，提高维护城市公共安全能力水平。将公安、消防、建交、安监等部门与城市管理有关的数据信息纳入应急管理平台。优化平急转换工作流程、突发事件先期处置和应急救援“1+3+X”工作制度等工作机制。层层压实企业主体责任、部门监管责任、属地管理责任，强化重大安全风险管控，坚持源头防范和隐患排查整治，动员全社会力量共同维护城市安全，确保城市安全运行、社会安全有序。

四、实施步骤

按照突出重点、抓住关键、锁定目标、分步实施的原则，分三阶段实施：

（一）工作启动阶段（2018 年 1 月至 2 月）。建立组织架构，制定全区三年行动计划，分解目标任务；各责任部门围绕目标任务，制定具体实施方案，细化任务措施，全面启动相关工作。

（二）全面实施阶段（2018年3月至2020年）。各责任部门聚焦市民需求，突出重点任务，制定年度工作计划，分层分级落实责任，每年创建一批示范性的美丽街区、美丽家园和美丽乡村，让市民群众看到新成效。通过滚动实施，连点成线、连线成面，全面提升城市管理精细化水平。

（三）总结评估阶段（2020年下半年）。总结经验，固化措施，形成系统化的常态长效管理机制。

五、保障措施

（一）加强组织领导，强化责任落实。积极贯彻落实市委、市政府《关于加强本市城市管理精细化工作的实施意见》，加强对城市管理精细化工作的统一领导，设立浦东新区城市管理精细化工作推进领导小组，实行“双组长制”，区委、区政府主要领导担任组长，确保对城市精细化工作的有力领导。领导小组下设办公室，抽调力量成立工作专班，负责推进精细化管理的各项具体工作。各街镇和相关职能部门主要领导要把城市精细化管理放在突出位置，切实担负起第一责任人职责，建立补短板工作机制，明确城市管理各责任部门和单位的工作责任，推动各项工作落实。

（二）完善政策支持，加大投入力度。积极与市级部门对接，建立健全浦东城市管理精细化工作的政策体系，加大资金、土地等要素资源的供给和人力、宣传等方面的综合性投入。统筹专项规划，把精细化管理规划与城乡规划、土地规划、人口规划等多规融合，推动城市管理与相关产业的合理布局、协调发展。同时坚持以信息化、科技化引领，积极搭建和整合相关管理平台，拓展功能，发挥各类平台的交互作用，切实提高浦东城市精细化管理效能。

（三）健全工作制度，确保全面推进。要不断探索完善各项工作制度，提高执行力，确保城市管理精细化工作的各项内容全面落实。制定对标卓越全球城市的精细化指标，各部门、各单位要针对指标要求，制订本部门具体工作的任务清单，并分解到2018－2020年分步实施。领导小组办公室要定期召开城市管理精细化工作现场会和工作推进交流会，及时发现问题，研究解决问题。各部门要加强沟通协调，推动各项工作落实，确保无死角、无盲区。要充分发挥党建引领作用，运用联建共建等方式，强化工作合力。对于精细化管理的具体内容，加快建立系统、科学的指标评价体系。

（四）凝聚各方力量，打造浦东亮点。以群众满意度和获得感为指引，听民声、汇民意、解民忧，提高市民群众参与城市精细化管理的主动性、积极性。加强城市精准管理工作的政务公开，及时向社会公布工作进展，主动接受社会各界监督。充分发挥区人大代表、政协委员的作用，加大对精细化管理的监督和推动力度。通过美丽庭院、美丽家园、美丽乡村建设，打造一批重点示范工程，全面提升城市管理能级，构建可持续发展的城市形态。要及时培育梳理典型案例经验，形成浦东特色和全市亮点。

（五）强化考核督查，严格责任追究。充分发挥科学评估和绩效考核对城市管理精细化工作的推动作用，将城市管理精细化相关工作要求纳入区委、区政府对各委办局、各开发区、各街镇、各集团公司党政领导班子的年度绩效考核，加大考核权重。领导小组办公室要加强对本计划落实情况的督查考核，全程跟踪重点项目，定期通报考核结果。对执行有力、勇于探索、成效显著的先进单位和个人，予以表彰；对工作落实不力、推诿扯皮、消极应付的单位和个人，坚决依法依规严肃问责。通过奖优罚劣、严格奖惩，有效推动城市管理精细化工作扎实开展。

后　记

2018年11月6日，习近平总书记到上海浦东新区城市运行综合管理中心考察时强调，城市治理是国家治理体系和治理能力现代化的重要内容。一流城市要有一流治理，要注重在科学化、精细化、智能化上下功夫。既要善于运用现代科技手段实现智能化，又要通过绣花般的细心、耐心、巧心提高精细化水平，绣出城市的品质品牌。十多年来，上海作为特大城市一直在探索城市基层综合管理实践与创新，期待走出一条中国特色特大城市管理新路子。特大城市综合管理是一个世界性难题，推进城市精细化管理永远在路上。同时，它也是提升民众获得感、幸福感和安全感的重要保障。

《特大城市基层综合治理模式的探索与创新——以上海市为例》一书是笔者在复旦大学公共管理学博士后出站研究报告的基础上修改而成。笔者长期以来主要从事突发事件应急管理研究工作，在完成《松江区社会治理大联动机制建设》《基层社会综合管理平台建设研究》《超大城市公共安全风险精细化防控研究》课题的基础上，将研究内容聚焦到关口前移、重心下移的“城市基层综合管理”内容和城市社会治理精细化的研究，期待为特大城市综合管理提供理论指导和政策建议。

在复旦大学博士后学习期间，特别感谢唐亚林教授一直对我学业和工作的关心和指导，他敏锐的学术思维、深厚的学术功底对本人影响深远。在此感谢复旦大学国际关系与公共事务学院竺乾威教授、浦兴祖教授、敬乂嘉教授、朱春奎教授、李春城教授、李瑞昌教授等对笔者的关心和支持。

本书的出版得到上海市政府发展研究中心、中共上海市委党校科研处、教务处等部门大力支持，特别感谢科研处处长周敬青教授、教务处处长赵勇教授、公共管理教研部原主任陈奇星教授、主任罗峰教授、陶振副教授、鲁迎春博士等领导与同事的支持。同时感谢研究生代可可、刘宇、魏筝、闫梦洁等同学提供的资料和帮助（其中关于静安区临汾街道精细化治理资料由魏筝同学提供）。

最后，感谢安徽师范大学出版社关心和支持，特别感谢编辑郭行洲先生为本书出版付出的辛勤劳动！

近年来，笔者经常到基层就城市管理专题进行调研和交流，收集了大量城市管理方面一手资料，但对特大城市综合治理理论研究不够深入，尚有进一步探讨的空间。由于时间精力付出不足，更由于笔者学力有限，笔者深感书中还有很多不足，真诚希望城市管理专家和读者不吝指教、批评指正，不胜感激！